AF139603

Ein Sommerhaus im Languedoc

Urlaubsgeschichten

Über das Buch

Urlaubsgeschichten aus dem Languedoc
Ein Schriftsteller und seine Frau verbringen ihre Sommerurlaube in dem Haus eines Freundes in einem kleinen Dorf im Languedoc. Ihre Erlebnisse und Erfahrungen, alltägliche Begebenheiten und ihre Begegnung mit Land, Leuten und Kultur füllen diesen Band.
Von Restaurantbesuchen wird erzählt, von Höhlenbesichtigungen und der Ersteigung eines Châteaus, von Einkaufsbummel, Andenkenläden und den sinnesfrohen Wochenmärkten, von hitzeflirrenden Nachmittagen und dem Schrillen der Zikaden, vom Badevergnügen in Flüssen, von Wein und der Stunde des Trobadors, von Kreisverkehr und dem Chauvinismus der Franzosen, von einer Olivenölverkostung, von der Muße des Café-Sitzens und dem Traum eines ganz anderen Lebens.

Über den Autor

Rainer Gross, Jahrgang 1962, studierte Philosophie, Literaturwissenschaft und Theologie. Er lebt mit seiner Frau seit 2002 als freier Schriftsteller bei Hamburg.
Bisher veröffentlicht: Grafeneck (Pendragon 2007, Glauser-Debüt-Preis 2008); Weiße Nächte (Pendragon 2008); Kettenacker (Pendragon 2011); Kelterblut (Europa 2012).

Bei BoD bisher erschienen:
Schaum von flüssiger Jade

Rainer Gross

Ein Sommerhaus im Languedoc

Urlaubsgeschichten

BoD 2014

Bibliographische Information
der Deutschen Nationalbibliothek:

Die Deutsche Nationalbibliothek verzeichnet diese Publikation in der Deutschen Nationalbibliographie; detailierte bibliographische Daten sind im Internet über http://dnb.d-nb.de abrufbar.

Kein Teil des Werkes darf in irgendeiner Form (durch Fotokopie, Mikrofilm oder ein anderes Verfahren) ohne schriftliche Genehmigung des Verlages und des Autors reproduziert werden oder unter Verwendung elektronischer Systeme verarbeitet, vervielfältigt oder verbreitet werden.

© 2014 Rainer Gross

Herstellung und Verlag: BoD – Books on Demand, Norderstedt

Layout und Umschlaggestaltung: Rainer Gross
Umschlagfoto: © Depositphotos.com/Pakhnyushchyy

Alle Rechte vorbehalten

ISBN-13: 9783735740694

Inhalt

Ich glaube, wie die Pflanze glaubt, an die Sonne.

Friedrich Nietsche, Nizza 1888

Ankunft

Es ist ein weiter Weg von Hamburg ins Languedoc. Tausendsechshundert Kilometer, das Meiste Autobahn. Zwischendurch übernachten wir bei Lenas Eltern in Süddeutschland. Der zweite Fahrttag ist der schönste. Es geht durch den Schwarzwald in die Rheinebene, über die Grenze, dann nach Süden.

Wir wechseln uns ab mit dem Fahren. Auf der Höhe von Valence die ersten spitzkegeligen Zypressen, dann das Rhonetal mit seinen Weinfeldern.

Unser Haus – besser gesagt: das Haus unseres Freundes, der es uns zur Verfügung stellt – liegt im Département Gard zwanzig Kilometer von Alès entfernt, nahe des Städtchens Anduze am Südrand der Cevennen. Um zehn Uhr abends fahren wir die Platanenallee an den Weinfeldern entlang und biegen kurz nach dem Ortsschild Tornac in den kleinen Weg ein. An der Gabelung halten wir uns halbrechts, dann geht es das kleine Sträßchen zwischen Häusern und Feldsteinmauern bergauf. Links liegt dann die Einfahrt zu unserem Sommerhaus.

Es ist noch hell, ein gedämpftes, aber feierliches Licht; an den erbleichten Hängen leuchten Wiesen und Bäume, und schon hören wir die Zikaden schrillen. Ein Empfangskonzert. Der alte Olivenbaum neben der Einfahrt wispert im Abendwind.

Wir öffnen das Tor und fahren hinein, parken vor dem Haus, das mit blinden, verbarrikadierten Fenstern wartet. Der Motor verstummt, leise tickt er nach. Irgendwo bellt ein Hund.

Im Gebüsch suchen wir die Eisenplatte, unter der der Wasserhahn liegt. Ich hebe sie auf, darunter ein Betongeviert mit einem Zähler. Der Hahn daneben, und indem ich ihn aufdrehe, spüre ich, wie nach langer Ruhezeit das Leben ins Haus zurückfließt.

Lena öffnet die Haustür und sucht im dunklen Innern nach dem Stromschalter. Dann machen wir Licht und öffnen alle Fensterläden. Die kühle Nachtluft, die durch die geöffneten Luken strömt, vertreibt die stickige Wärme in den Räumen.

Wir bleiben im Flur stehen und umarmen uns vor Freude; wir sagen es einander vor: Wir sind wieder da!

Wir bringen das Gepäck ins Haus und setzen uns an den Tisch in der Stube. Draußen wird es dämmrig und blau.

Wir sind wieder da! Der schmale Flur, die Toilette mit dem Gitterfenster, die kargen Schlafzimmer, die Küche mit dem Spülstein, das Sofa im Wohnzimmer, die leichten Türen mit den dünnen Klinken, die Flasche Reinigungsmittel mit dem Aufdruck *fosse septique* in der Toilette, die Tafel mit den europäischen Gartenvögeln, die danebenhängt, die Steinfliesen, das Sofa im Biedermeierstil, dessen Lehne wackelt, die Mückennetze in den Fenstern, die Stille im Haus. Der Gesang der Zikaden, draußen.

Alles ist selbstverständlich, als wäre es nicht ein Jahr her. Allzu selbstverständlich, denn es ist noch nicht Wirklichkeit. Obwohl die Kilometer, die wir gefahren sind, einen Beweis darstellen, können sie uns nicht überzeugen. Wir haben es noch nicht begriffen. Wir träumen. Hautnah. Jetzt soll hier wieder alles beginnen, das unbeschwerte Leben, das Fremde, die Verständigung in der fremden Sprache, die Zikaden, die Hitze am Mittag, die sorglosen Morgen und friedsamen Abende – nein, wir fassen es nicht!

Lena macht einen Willkommensspaziergang. Sie muss allein sein, um zu begreifen. Ich schalte den Fernseher ein und schaue mir ein Weltmeisterschaftsspiel an; von den Kommentaren verstehe ich nichts, nur ab und zu einen Spielernamen und das Wort *ballon*. Jetzt wird alles kommen, sage ich mir und lege mich aufs Sofa. An den Mückennetzen in den Fenstern tanzen Nachtfalter.

Und dann gibt es mir einen Stich in den Magen, einen freudigen, es kribbelt im Rücken und kriecht die Arme entlang, und ich grinse so breit und zufrieden, wie ich kann.

Ja, denke ich. Ja!

Heute Abend muss nichts geschehen. Es muss nichts begriffen, erfasst, genossen, erkannt werden. Ich kann abwarten, was kommt. Ich kann mich treiben lassen. Das ist ja der Sinn dieser Tage hier. Die Zeit hat aufgehört zu strömen, sie ist nur ein kleiner, frischer Quell jeden Tages, der vom Morgen bis zum Abend sprudelt.

Lena ist zurück. Sie ist müde von der Fahrt.

Ich geh ins Bett, sagt sie.

Ich komme nach, wenn das Spiel vorbei ist, sage ich.

Und selbst das Zubettgehen ist nicht wie zuhause. Es geschieht einfach und mit stillem Verstehen, es verheißt den kommenden Tag ohne Plan und nimmt den vergangenen ohne Reue.

Lange liege ich noch über das Ende des Spiels hinaus, denke nach, komme immer wieder zum selben Schluss, der mich endlich aufstehen und ins Bett gehen lässt: Wir sind wieder da.

Im Garten, morgens

Ich wache auf, klappe die Fensterläden zurück. Ich habe keine Ahnung, wie spät es ist, aber die Sonne steht schon hoch. Ich mache mir einen Becher Kaffee und setze mich draußen unter das Sonnenzelt in den Garten.

Ich lasse den Tag kommen. Heute haben wir nichts vor. Wir können ins Städtchen fahren, ein Laguiole kaufen, ins Café sitzen, nach Keramikschalen schauen. Hinterher in den Supermarkt, Vorräte besorgen. Es wird ein heißer Tag. Zirren am Himmel, auf den waldigen Bergrücken blüht ein verheißungsvolles Blau.

Ich denke nichts und alles Mögliche. Schlürfe meinen Kaffee, rauche meinen Tabak. Ich bin wieder da, denke ich. Das ist selbstverständlich und ganz unerhört. Ich schaue in die Gegend, bin nirgends als jetzt gerade hier. Die Schwalbenschwänze sind auch wieder da, gaukeln durchs Gras und flattern feengleich gegen die Helle. Ab und zu segelt der Eichelhäher durch den Garten, von Baum zu Baum, und sieht nach dem Rechten. Drüben am Hang höre ich die Oriole, das vertraute *tüdeli-lüo*, die tropische Anmutung, die darin klingt, und nah in der Robinie das Trillern und Schluchzen der Nachtigall. Der Gesang der Zikaden ist ein beruhigendes Hintergrundgeräusch, das ich nur höre, wenn ich es suche.

Der Garten. Unten in der wilden Wiese die Obstbäume, Apfel, Pfirsich, eine Kirsche. Man sollte nach den Früchten schauen, den Sommer ernten. Die beiden Feigenbäume zeigen erste knollige Ansätze. Aus dem Buschwall drüben spreiten sich die dürren Bambusstängel wie Palisaden. Die Palme ist wieder ein paar Zentimeter gewachsen, jetzt ist sie mannshoch. Vielleicht gehe ich nachher zum Lorbeer und pflücke mir eine Handvoll Gewürz. Wie ich das immer tue.

Die Schwalben jagen durch den Garten. Wenn ich ihnen hinterherschaue, wird mir fast schwindelig. Sie schießen hinaus übers Dach, kehren zurück, jagen zwischen den Apfelbäumen hindurch, kurven und drehen sich, schießen dicht übers Gras dahin und kippen die Flügel, zeigen das helle Bäuchlein und machen eine Hundertachtzig-Grad-Kehre, dass es im Magen kitzelt bloß vom Zuschauen. Manchmal zielen zwei aufeinander zu, steigen aneinander hoch, wirbeln mit den Flügeln und schnäbeln oder kämpfen oder werweißwas, und lassen dann wieder voneinander ab. Sie haben ihren Spaß an den tollkühnen Flugmanövern.

Zwischen den knorrigen Robinienstämmen spannt sich die Wäscheleine, Klammern angeklemmt wie Spatzen auf der Stange. Ein Stoffsack hängt daran mit ausgefransten Löchern, wippt im Wind, ein kleiner vergessener Klammerbeutel.

Ab und zu fährt ein Auto die schmale Straße zwischen den Häusern herauf, Steine knirschen unter den Reifen. In den Olivenbäumen flirrt der Morgen.

Der Nachbar steht vor seinem Mas und schaut neugierig herüber. Gestern angekommen, wer mag das wohl wieder sein? Ich hebe die Hand und winke.

Bon matin!

Er hebt die Hand und grüßt zurück.

Dann gehe ich ins Haus, stelle den Becher in die Spüle und baue den Klapprechner auf, für die kommenden Tage. Von draußen klingt der Ruf des Pirols herein und lässt mich beim Schreiben an Iquitos denken oder Sansibar.

Im Zimmer nebenan höre ich das Bett knarren. Lena erwacht.

Anduze

Morgens um zehn schon dreißig Grad. Wir brauchen frisches Brot. Das Auto steht in der Sonne, die früh übers Haus heraufsteigt; wir lüften es aus, bevor wir losfahren. Das Tor bleibt auch über Nacht offen. Das kleine Sträßchen zwischen den Grundstücksmauern hindurch bergab. Les Aures, La Jasse. Renovierte Mas im Gutshofstil mit Swimming Pool. Dann an den Müllcontainern vorbei und an zwei Abbiegungen bis zur Landstraße am Ortseingang. Geradeaus geht es zum Weinkeller der Tornacer Winzer, ich biege links ab und fahre die Straße an Mauern und Weinfeldern vorbei nach Norden.

Das Licht strahlt über der Landschaft und flutet den Himmel. Kein Wölkchen, kein Wind. Der Fahrtwind ist noch lau, drüben auf dem Hügel thront grau und gelassen das Château. Die erste Einmündung, wo es rechts nach Villesèque geht und seiner alljährlichen Fete mit Bouleturnier. Dann weiter nach La Madeleine hinein, ein Straßenort, verschlafen, die Boutique an der Kreuzung, wo stumm eine Dame sitzt beim Eintreten und das Geschirr wie bei einer Ausstellung aufgereiht steht. Die alte Garage gegenüber, in der alle Marken repariert werden. Eine der vielen Poterien mit den bekannten Anduzevasen, die Werbung für den *Midi Libre*, dort geht es links ab. An der ersten Kurve das alte Steinhaus, dreistöckig, die Rückseite gegen den Fels, steht seit Jahren zum Verkauf. Ein Mann macht sich an den Fensterläden zu schaffen, auf der zweiflü-

15

geligen Scheunentür stehen Antiquitäten zum An- und Verkauf. Ein Schild warnt vor dem Betreten wegen Einsturzgefahr.

Rechts die Zufahrt zum Château, ein Kiesweg steil bergauf, zwölftes Jahrhundert sagt ein Schild, man kann auch hinauffahren. Die Straße rückt nahe an den Gardon heran, blaugrüne Flussschlingen zwischen Kiesbänken, von hohen Bäumen verdeckt. Unter einer Brücke hindurch am Campingplatz vorbei, *le bel été* steht in Riesenlettern auf dem Schild. Links der Grasplatz, wo manchmal der Pizzawagen verkauft. Das Ortsschild, eine Baustoffgroßhandlung, die Gendarmerie, die spitzwinkelige Einfahrt zum cevenolischen Restaurant, in dem Lena und ich einmal unseren Hochzeitstag feierten. Ein Anwesen mit alten Zypressen und himmelhohen Libanonzedern. Die Berge ragen nun graugrün, mit träg gefalteten Gesteinsschichten, vor uns auf. Die Einfahrt zum Supermarkt, wo sonntags der Flohmarkt ist. Dort könnten wir auch Brot besorgen, aber das wollen wir nicht.

Die Gärtnerei, in der wir den Olivenbaum kauften, der zuhause auf dem Balkon steht, und eine weitere Poterie. Dann der Bahnhof, wo wir parken. Ohne Fahrtwind heizt die Sonne ordentlich. Zu Fuß über den Zebrastreifen, vor dem kein Auto anhält, in die kleine Bäckerei am Ortseingang. *Bon matin.* Es riecht nach frischem Baguette. Heißt es *un* oder *une baguette?*, fragte ich im ersten Jahr die Verkäuferin. Es heißt *le grand pain*, und hier begegneten mir zum ersten Mal die südfranzösischen Nasale: „päng" sagte sie. Ich nehme zwei große Brote und vier Croissants, sie sind noch warm in der Papiertüte. Am Zebrastreifen bleiben wir stehen. Ein Peugeot hat sich auf den Gehweg gestellt mit Warnblinker, der Fahrer hält in der Bäckerei ein Schwätzchen.

Wir schauen die Straße entlang, die Willkommenspromenade von Anduze, die zum Plan de Brie führt und dem Rathaus, wo sich die Restaurants und Cafés reihen und die Sonnenuhr am Turm den Sommer misst. Von einer Boutique wehen die Kleider wie Fahnen herüber. Wie wär's?, fragen wir uns. Die Brote unterm Arm einen kleinen Bummel machen? Einen Kaffee unter der Markise und den Leuten zuschauen bei ihren morgendlichen Besorgungen? Der Tag beginnt in Anduze, wir wollen dabei sein.

Im Café

Von der Hitze brummt mir der Kopf. Lena hat Hunger. In den Taschen zu beiden Seiten tragen wir Keramik und die beiden Flaschen Pastis. Es ist nach Mittag, das Essen ist vorbei, die Sonne steht hoch.

Und was machen wir jetzt?, fragt Lena verdrossen.

Jetzt setzen wir uns in ein Café.

Korbstühle und Blechtische im schokoladenfarbenen Schatten einer Markise. Wir ergattern einen Platz, stellen die Taschen ab und lehnen uns zurück.

Hier spürt man das leise Lüftchen wohlig. Hier kann man die Autos, die keinen Zebrastreifen achten, ziehen lassen. Hier kann man die Leute, deren Wege man ständig kreuzt, in Ruhe beobachten.

Ich bestelle einen *café crème*, Lena eine kalte Cola. Zum Kaffee gibt es einen Karamellkeks und einen Streifen weißen Nougats. Aus Montélimar?, frage ich den jungen Kellner. *Bien sûr*, natürlich. Später wird das zum *running gag* zwischen mir und ihm. Er fragt, woher wir kommen, und als er Deutschland hört, ist er gleich beim Fußball. Bayern München natürlich, und auch er bricht sich die Zunge an Schweinsteigers Namen.

Der Schweiß trocknet, die Haut wird wieder zart und redselig. Der Nachmittag öffnet eine Flügeltür.

Lena hat Hunger und fragt nach der Karte. Stattdessen stellt ihr der Kellner die Tafel hin mit der französischen Mädchenschrift und den zahllosen Salaten. Ich bestelle mit, und wenig später haben wir zwei Riesenteller mit erfrischendem Grün vor uns, mit Tomaten und Zwiebeln, mit Maronen und Äpfeln, mit gerösteten Weißbrotschnitten voll Tapenade und warmem Ziegenkäse.

Essen ist hier, im Markisenschatten, ein Leichtes. Ich trinke den Pastis mit Eis und verdünnt, der wässrige Anis- und Kräutergeschmack ist wie eine Liebeserklärung. Dann, die Mundwinkel ausgeleckt, drehe ich mir eine Zigarette. Der französische Tabak schmeckt hier anders als zuhause.

Ich sitze und lasse das Leben an mir vorbeiziehen, ein Defilee von unaufgeregter Festlichkeit, betrachtet mit Milde und Wohlwollen.

Jetzt verstehe ich das endlich, denke ich. Es ist eine Lebenskunst, das Café-Sitzen. Die Leute drängen und schieben durch die Gassen, Verkäufer preisen ihre Waren an, Gelächter und Kindergeschrei, das Taschentragen und Stoffebegutachten, Eiskrem mit den Lippen Schmelzen, die Sonnenbrille Lüften, der Griff zum Portemonnaie, ringsum wimmelt und treibt es, und ich sitze unbewegt in meinem Stuhl im Schatten und schaue zu. Nehme ab und an einen Schluck vom Pastis, schaue mich um an den Tischen, unter denen die Zuckerpapierchen einen Blütentanz aufführen. Alles launiges, faules, müßiges Gesindel, hier unter der Markise. Alles Voyeure und Lüstlinge, Gourmands und Naschkatzen, Kenner und Schöngeister, Publikum in der Loge des Lebenstheaters.

Wir sitzen und schauen, dösen und halten die Zeit feil. Neben uns steht mit Warnblinker ein Auto im Sträßchen, und erst, als ein zweites auftaucht und vorbei will, merken wir, dass der Fahrer am Nebentisch sitzt und mit Freunden plaudert. Er springt auf und fährt weg. Vielleicht erledigt er nun, weswegen er im hohen Mittag unterwegs ist. Vielleicht parkt er auch bloß seinen Wagen im nächsten Sträßchen und kommt zurück.

Die Zeit steigt wie aus einem Brunnen, ohne Fragen, und mein Tabak würzt die Luft mit Zwiegespräch.

Die tausend Straßen

Hitze gehört dazu. Der Fahrtwind in den offenen Fenstern ist backofenheiß, das Auto darf nie stehen, sonst komme ich um. An einer Baustelle vor der roten Ampel würde ich am liebsten aussteigen und mich in ein Café setzen, bis es Grün wird. Aber solange ich fahre, der Wind das Wageninnere durchwirbelt, ist es annehmbar.

Unterwegs auf den tausend Straßen Frankreichs. *Mille routes se rejoignent*, singt Georges Moustaki. Besonders die Landstraßen, die Chausseen und Alleen, die buckligen Pisten und am besten ohne Mittelstreifen, wenn zwei Autos für Augenblicke die enge Fahrbahn füllen, wenn die tarnscheckigen Platanen Spalier stehen und jeden Fahrfehler tödlich bestrafen, wenn die Straßen zu Laubtunneln werden und voraus der nächste Weiler mit einer Mauereinfahrt wie zum Landschloss lockt. Die langrechteckigen weißen Ortsschilder mit dem roten Rahmen, von dem sich die schwarze Schrift verheißungsvoll und zuversichtlich abhebt. Wer auf diesen Straßen unterwegs ist, meint Moustaki, der ist mein Freund. Der kommt vom Ende der Welt, hat Berge überquert und Hoffnung und Zweifel im Gepäck und wird mit Lust bis zum Ende gehen. Solche Straßen sind es, denke ich und pfeife den Refrain mit, solche Reisende.

Überholt werde ich immer, egal wie schnell ich fahre, und egal, ob der Überholende dann knapp vor mir bleibt. Die Tafeln am Rand sind kaum lesbar, ab und zu *caveau* und *dégustation* und *moulin d'olive*, die mich zu anderen Zeiten anhalten ließen. Aber nicht jetzt. Weinfelder und Olivenhaine wechseln, die Hügel sind fruchtbar, die Häuser hohlziegelgedeckt. Einmal eine verblichene Butagaz-Reklame an einer Hausruine, dann ein ausgetrockneter Fluss, den die Brücke überquert. Einmal ein römisches Aquädukt, unter dessen antiken Bögen ich hindurchfahre. Mohn am Straßenrand, fahl von der Hitze, himmelblaue Wegwarte, Königskerze mit schwefelgelben Standarten. In den verschlafenen Nestern die künstlichen Buckel vor den Zebrastreifen, die Kreisverkehre, in die man fährt wie in den Hof eines Freundes, hinter Mauern ragen pfeilspitz die Zypressen, und einmal geht es mitten hinein ins Dorf auf autobreiter Fahrbahn, an einer Kirche vorbei, unter Balkonen hindurch, über die Place de la République – sie muss so heißen – am Rathaus vorbei und wieder hinaus in die mittagsheiße Flur, wo die Zikaden schrillen.

Die Kreuzung der tausend Straßen, im Herzen der Welt. Da treffen sich tausend Träume. Ein alter Mann im Anzug auf der Bank vor dem Haus. Ein Kind mit seinem Hund. Eine Frau wässert den Garten. Ein junges Mädchen auf einem Fahrrad. Die Reben bilden erste grüne Knötchen, unterm Apfelbaum sprießt Rosmarin. Sein Schatten: der schmetterlings-leichte, braungoldene, sommersprossige Schatten junger Mädchenblüte. Zikadenträume. Kaffee-und-Croissant-Träume. Träume aus wildem Mohn und Träume vom Wunderwein. Träume vom Sommer, der nie endet.

Träume vom Licht, das nie erlischt. Träume von den Freunden, die du überall triffst. Träume von der Fahrt, die nie zuendegeht. Träume von der Ankunft, die ewig dauert. *Rue inondée*, Überschwemmungsgefahr, sagt das Warnschild, zu Zeiten des Regens, und ich pflüge versonnen hindurch wie durch eine perlmutterne Flut: durch die tausend Träume der tausend Straßen.

Kreisverkehr

Aus England und Dänemark kenne ich die Kreisverkehre schon; in Frankreich sind sie ebenfalls häufig, und ich frage mich, wann man wohl in Deutschland die Vernunft dieses Konzepts entdeckt. Das Einfädeln geht schnell, und meist kann man an der nächsten Ausfahrt wieder raus. Zudem hat es den Vorteil, dass man, wenn die Lage nicht klar ist, erst einmal eine Runde drehen und sich alle Hinweisschilder in Ruhe anschauen kann, bevor man sich für eine Ausfahrt entscheidet.

Kreisverkehre gibt es in Frankreich im kleinsten Dorf; dort ist es oft nur eine runde Platte im Pflaster, woher sich der Name *rond point* herleitet. Aber in Städten gibt man sich viel Mühe, die Raseninseln in der Mitte fantasievoll und ansehnlich zu gestalten. Besonders auf der Umgehungsstraße in Alès ist das auffällig. Dort fahren wir auf kleine Denkmäler zu, eine Châteauruine mit einer Zeder, eine römische Tempelanlage in Miniatur, eine kleine Garrigue mit alten Olivenbäumen, und nicht nur in der Provence sehen bäumen, und nicht nur in der Provence sehen wir schon einmal ein Ensemble von Oleander- und Lavendelbüschen, einen blauen Holzkarren mit Weinfässern oder eine Winzausgabe des Pont du Gard.

Solche größeren Kreisverkehre haben allerdings einen Nachteil: Sie werden zweispurig genutzt.

Ich weiß nicht, wie das eigentlich gedacht ist. Und, für mich als Deutschen noch beunruhigender: Ich weiß nicht, was die französische Straßenverkehrsordnung dazu sagt. Denn die meisten Franzosen ziehen, nachdem sie in den Kreisel eingefahren sind, sofort nach innen. Dadurch wird die äußere Spur zwar frei, und einfahrende Fahrzeuge haben an den Einmündungen keine Schwierigkeiten einzufädeln, im besten Fall geht das sogar ohne Anhalten. Aber es hat den Nachteil, dass die innen fahrenden Franzosen offensichtlich erwarten, dass sie, wenn sie ihre Abfahrt nehmen wollen, beim Ziehen von innen nach außen Vorfahrt haben, dass also die Außenfahrenden anhalten. Dadurch wird, denke ich mir so als Deutscher, das Problem das Anhaltenmüssens von den Einfahrten in eine wesentlich unübersichtliche Situation mitten im Kreisverkehr verlagert. Zumal wenn man gleich die nächste Ausfahrt nehmen will und außen bleibt, weil es keinen Sinn hätte, für eine Viertelrunde nach innen zu ziehen.

Das sehen die Franzosen offensichtlich anders. Immer wieder werden wir angehupt, wenn wir außen bleiben, und einmal kommt es in einem *rond point* in St-Rémy fast zu einem Zusammenstoß. Bremsen quietschen, und beide Fahrzeuge stehen Seite an Seite, der Franzose mit dem Blinker nach rechts gesetzt.

Er schimpft auf Französisch, ich schimpfe, da mir die Wörter fehlen, auf Deutsch zurück, wir werden uns nicht einig, und beide Fahrzeuge setzen sich wieder in Bewegung, wobei es fast wieder zur Kollision kommt. Der Franzose besteht anscheinend auf seiner Vorfahrt, weil er die gleiche Ausfahrt nehmen will wie wir. Noch einmal Hupen und Geschimpfe, und hitzig geworden bedaure ich, dass ich außer *idiot* keine Schimpfwörter kenne.

Schließlich lassen wir ihn vorbei, er gestikuliert am Steuer nach hinten, Chauvi denken wir und lassen ihn fahren. Noch einmal mit dem Schreck davongekommen.

Man kann sich einigen in so einer Situation, sicher. Und für Franzosen sind Regeln und Vorschriften besonders im Straßenverkehr sowieso etwas, dessen Gültigkeit von Fall zu Fall entschieden wird. Aber der Alptraum ist natürlich, dass wir – in spontanem Urteil und flinker Reaktion ungeübten – Deutschen tatsächlich in einen Unfall verwickelt werden, mitten im Kreisverkehr, und die Rechtslage dann bei der Polizei auf Französisch geklärt werden muss.

Der Sinn dieses Vorfahrtsanspruchs erschließt sich mir nicht recht. Er beschwört eine Menge unklarer Verkehrslagen herauf, nötigt zum Anhalten mitten im Kreisel, fordert eine erhöhte Aufmerksamkeit für die Linksfahrenden, was für mich eklatant der Rechtspriorität der StVO widerspricht, aber vermutlich darf man hier keine deutschen Maßstäbe anlegen. Vielleicht hat das alles mit Verkehrsrecht oder -vernunft nichts zu tun und die Selbstverständlichkeit, mit der die Franzosen von innen nach außen ziehen, ist nichts als Chauvinismus und Egomanie.

Wie gesagt, ich weiß es nicht. Bei jedem großen Kreisverkehr neu diese Unsicherheit. Wir halten es inzwischen so, dass wir auf der Außenspur bleiben und den Blick besonders nach links richten. Ob das Kollisionen vermeiden hilft, wissen wir nicht. Vielleicht weiß der Automobilclub hier Rat?

Der eine deutsche Einrichtung ist, selbstverständlich.

Pont du Gard

Das Bauwerk kenne ich vom Titelbild meines Französischlehrbuches in der Schule, eine grobe rote Zeichnung vor einem grünen Hintergrund. Ganz Frankreich schien mir von solchen Brücken bevölkert, die keine waren, wie immer gesagt wurde. Ein römisches Aquädukt, dreistufig, mit immer zahlreicheren Bögen. Wasserleitung für das römische Nemausus, fünfzig Kilometer durch das Land, mit gleichmütigem Strömen folgte es dem sachten Gefälle im steinernen Trog, überdacht als Schutz vor Dreck und Verdunstung.

Römisches kenne ich aus meiner Heimat, aber keine solchen Riesenbauten. Wir sind gespannt, aber der Tag ist sonnig und fast windstill, die Hitze im Auto unerträglich. Wir haben keine Kühltasche, und der Minzsprudel, den ich eingepackt habe, schmeckt auf dem Parkplatz wie heißer Pfefferminztee. Das Besucherzentrum bietet Schutz, man kann sich an den Tresen setzen und Kaltes zu sich nehmen. Die Provence wird hier schon vermarktet mit Lavendelsäckchen und Backhandschuhen.

Das Gelände ist karg, Sandstein und Kalk mit Pinien und Steineichen, das Gestrüpp zundertrocken, jede Sonnenstrecke messe ich ab bis zur nächsten Schattenoase. Bin froh um meinen Hut, auch wenn mir der Schweiß läuft.

Je näher wir dem Bauwerk kommen, desto kleiner wird es. Seltsam. Ich habe einen Titanen der Baukunst erwartet, ein überwältigendes Monument, aber je näher wir kommen, desto vollständiger wird das Bild und desto bruchloser fügt sich das Aquädukt in das überspannte Tal ein. Tief unten der blaugrüne Gardon, derselbe Fluss, dessen Ufer wir entlangfahren auf unserem täglichen Weg nach Anduze. Schroffe Kalkfelsen säumen den Lauf, weiter unten fächert er auseinander zwischen Kiesbänken und Schotterufern, dazwischen Weideninseln und Busch.

Wir steigen ab zur Höhe der ersten Ebene, wo die einstige Straßenbrücke eine Überquerung erlaubt. Jetzt wölben sich die Bögen majestätisch über uns, gefügt aus riesigen Kalkquadern ohne jeden Mörtel; allein das Gewicht und die Reibung halten sie am Platz.

Drei Ebenen, mit sechs, elf und fünfunddreißig Bögen, fügen sich zu einer in sich ruhenden Gestalt. Festigkeit und Halt spüren wir darin, eine Mäßigung und Ruhe wie selten bei Ruinen. Die Römer, zitiere ich Lena gegenüber, konnten das Sachliche schön bauen und das Schöne sachlich. Eine handfeste Anmut entsteht daraus, eine pittoreske Richtigkeit, die die Landschaft hineinnimmt in die Gestalt von Menschenhand. Mit Meißel, Winkel und Flaschenzug. Architektur als Verwandlung, Geomorphose durch den allgegenwärtigen Anspruch, die Mitte der bekannten Welt zu sein. Beeindruckend, gewiss. Und dennoch nicht überwältigend. Keine Gigantomanie, eher erwartete Gefälligkeit von Form und Funktion.

Wir gehen auf der Straßenbrücke ans andere Ufer und zurück. Unter uns schiebt der breite Fluss hindurch. Im smaragdenen Pool, den das Bett bildet, dunkel und unabschätzbar tief, kräuselt sich das Weiß von Schwimmern und Tauchern. Eine Gruppe junger Erwachsener tummelt sich dort und benutzt den Fels als Sprungbrett. Lachen und Jauchzen. Die Jungen im Hechtsprung, die Mädchen fußvoraus. Sie rufen sich zu, auf Englisch. Auch die Laute kommen hier oben klein und überdeutlich an. *Jesus!*, ruft einer vor Erstaunen oder Schreck. Es sind australische Studenten, die in ihrer Unbefangenheit den Weg hinunter ans Wasser gefunden haben. Da will ich nachher auch baden, sagt Lena.

Wir steigen wieder hinauf, die steilen Treppen durch den brütenden Busch zur obersten Ebene, wo eine Tür in die überdachte Wasserleitung führt. Den dunklen Gang entlang könnte man den Weg des Wassers nehmen, nur leider ist heute die Tür verschlossen. Keiner weiß warum. Immer wieder kommen Besucher, rütteln an der Klinke, ziehen ratlos ab.

Lena untersucht die Garrigue im Hinterland der Wasserleitung, während ich mich unter eine Pinie setze und ausruhe. Ab und zu fächelt der Wind leichte Kühlung. Die Zikaden sirren ohrenbetäubend. Ich werde müde, wie ich so sitze, mein Mund ist ausgetrocknet, die Hitze macht die Landschaft grell und die Menschen aufreizend.

Als wir wieder hinuntersteigen, wird mir schwummrig. Auf dem Kiesplatz mit den Steineichen und ihren Schatteninseln strecke ich mich auf einem Stein aus und schließe die Augen. Die Zikaden schrillen auch hier. In den Eichen über mir. Aber nie ist eine zu sehen. Sie schrillen unaufhörlich, an- und abschwellend, eine böse Beschwörung, ein Zauber, den der Mittag über diesen Ort webt, ein Bann, der mich in Hypnos' dösigen Sog hineinzieht, mit geschlossenen Augen. Lena geht los und versucht, im Besucherzentrum etwas Kühles zu trinken zu finden.

Ich liege und strecke ergeben Hände und Füße. Der Schatten ist schwül und dumpf wie ein Gefängnis. Die Stimmen der Menschen nur noch das Geraune aus den Verliesen tiefster Erschöpfung. Ich lege meinen Hut übers Gesicht und atme eine Weile den gärigen Schweißgeruch. Die Menschen kommen und gehen. Ich bleibe. Das Schrillen der Zikaden bleibt. Die Hitze bleibt. Ich sehe sie vor mir, wie sie in den harten, stachelbewehrten Blättern der Steineichen brütet, wie sie

Helle und Blendung ausschüttet über schwarze Umrisse, wie sie in den trockenen Boden kriecht und die letzten Wassergeniste ausdörrt.

Lena kommt und hat etwas zu trinken. Der Mund ist wie eine Savanne, die zuerst die Flüssigkeit nicht aufnehmen kann. Dann löst sich die Vertrocknung und die Schleimhäute werden wieder geschmeidig, das kalte Nass mit dem herrlichen Orangengeschmack dringt in die dunklen Höhlen des Körpers und wässert die leeren Schächte.

Bald kann ich mich aufsetzen und mich dem Licht wieder stellen. Auf dem Weg zum Besucherzentrum habe ich weiche Knie. Dort haben die Bars mittlerweile geschlossen, weil die gekühlten Getränke ausgegangen sind. Was mich hin zum überhitzten Auto auf dem sengenden Parkplatz begleitet, was mich in den brennenden Sitzpolstern und auf den ersten Straßenmetern, bis der Wind in den offenen Fenstern es erträglich macht, tröstet, ist der Anblick einer Postkarte dort in den Ständern, von Lavendelsträußen vor einer blaugestrichenen Holztür, eine Verheißung nordischkühlen, feinduftenden Blaus, durchtanzt von Sonnenflecken, in einem Midi, der wie ein einziger Garten ist, flüsterndes Versprechen des Paradieses.

Auf der Rückfahrt halten wir an einem *supermarché* und decken uns mit Getränken ein, die sofort vor Kälte beschlagen, atmen auf im frostigen Atem der Kühltruhen. Pont du Gard, denke ich, satt und erholt. Eine römische, eine südfranzösische Wüste. Kein Wunder, dass ihnen das Wasser so ein Bauwerk wert war! Fünf-

zig Kilometer für Nemausus' Thermen und Brunnen –
das verstehe ich jetzt. Und weshalb man den Süden
einfach *le Midi* nennt. Und weshalb man immer eine
Kühltasche mit Getränken mitnehmen sollte.

Flusstaler

In den Cevennen. Wir kommen an eine Brücke über
einen Fluss. Wir halten auf der anderen Seite unter
einem blühenden Maronenbaum. Der Fluss ist breit in
seinem Bett, seicht, von Geröllbänken durchzogen,
von Felsen gesäumt, eingeschnitten in ein Tal aus
Waldhängen. An tiefen Stellen ist das Wasser blaugrün, an seichten rotgold vom Steingrund. Wo der
Wind kleine Wellen kräuselt, glänzt er silbern.

Wir beschließen, dem Fluss einen Besuch abzustat-
ten. Ein Kletterpfad führt talwärts. Durch Brombeer-
dickicht und Farn und zwischen den abgeschliffenen,
scherbigen Felsen hindurch folgen wir dem Pfad, das
letzte Stück auf dem Hosenboden. Dann stehen wir
am Ufer.

Der Fluss geht glatt und ruhig. Er kommt um eine
Biegung und strömt knöcheltief über seinem Kiesel-
grund heran. Ein stiller Freund: Er nimmt sich Zeit,
stürzt sich über keine Barren oder schäumt wild in
Kolken. Sein Wasser ist sonnenwarm, frisch und glas-
klar. Wir können barfuß hindurchgehen, gleichgewich-
ten auf den harten Steinen. Lena entdeckt unter all den
kupfernen und schwarzen und sandfarbenen einen, der

rund und flach ist, wie eine handtellergroße Münze. Ein Flusstaler. Wir fischen ihn heraus und betrachten ihn.

Eine Seite ist silbrig überzogen und schillert; winzige Stufenbrüche, rundgeschliffen; einzelne Schichten und doch wie aus einem Stück geprägt. Er erzählt Geschichten von seinem langen Werden und ist doch jung wie erst entstanden. Ein gewöhnlicher Stein, von unschätzbarem Wert. Was könnten wir damit alles bezahlen? Wen für Treue und Liebe, für Freundschaft und Hilfe damit entlohnen? Welche Geschenke an Mut, Zuversicht, Freude damit machen?

Ich umschließe ihn fest mit der Hand und spüre seine Zahlkraft. Jetzt bin ich reich, denke ich. Und der Fluss ist noch reicher. Hunderttausend Steintaler mögen im Fluss liegen, und jeder ist einen verträumten Nachmittag, Stunden des Gehenlassens, Augenblicke tiefer Übereinstimmung wert.

Ich stehe mitten im Bett, da spricht der Fluss zu mir. Breit kommt er heran, einsilbig, gelassen. Sein Steinbett bereitet ihm den Weg, den er mit seinen Wassern aus den Bergen schwemmt. Geduldig hat er die Kiesbänke aufgeschüttet, aus weißem Schotter; geduldig an den abgestürzten Felsen genagt und Hohlkehlen hineingeschliffen. Wasserkraut duldet er nicht, Sumpf und Modder verabscheut er. Er ist ein Liebhaber des Einfachen, Reinen. Er lädt jeden ein, der gleicher Gesinnung ist.

Der Fluss ist mein Freund. Ich will ihm ein Gedicht machen, aber erst später. Jetzt muss ich ihm zuhören, seinem beharrlichen, gleichmütigen Plätschern über Steine, dem stummen Ziehen, dem Gurgeln an Findlingen.

Gern würden wir hinüberwaten zu der großen Kiesbank und uns ausziehen. Zu den Felsen waten, wo die Strömung ein Becken ausgehöhlt hat. Schwimmen, tauchen, uns treiben lassen, in den Himmel schauen, der zwischen den steilen Schluchtwänden blaut. Wolken würden darüber hinwegziehen und Schatten über den Wald wandern lassen. Die lichten Stellen wären wie Bühnen, auf denen sich das Leben abspielt, und die Schatten das Publikum. Aber wir sind unterwegs in den Cevennen. Wir haben heute ein Ziel.

Wir müssen noch einmal herkommen, sagen wir. Einen Nachmittag lang, im Atem des Flusses unsere Stunden verbringen.

Wir klettern den Pfad aufwärts und stehen zerkratzt und schwitzend auf der Brücke. Ein letztes Mal schauen wir auf ihn hinab. Schon ist er wieder weit weg, versunken in sein Kommen und Gehen, allein mit sich selbst und den vielen Sommern, die er gesehen hat und noch sehen wird. Aber wir haben ja seine Währung in der Tasche, jederzeit einzulösen, egal wo wir sind.

Junge Mode

Wir drängen uns in der kleinen Boutique in einer der Gassen von Anduze. Ethno-Kram, denke ich. Lena schaut nach Handtaschen. Sie überlegt, wie viel von ihrem Zeug sie da reinpacken könnte und wenn nicht, ob sie dann für andere Gelegenheiten geeignet wäre, Essengehen und so. Ich entdecke Lavendel-Räucherstäbchen und schnüffle daran. Das könnte gut passen für einen verregneten Herbstnachmittag in Hamburg, wenn ich mich an den Lavendel-sommer erinnern will.

Ein Räuchergefäß, bunt bemalt und mit griechischen Mustern aus Peru. *C'est céramique?* Die Dame versteht mich erst beim dritten Mal, weil man das c nicht wie k, sondern wie s ausspricht. Lena ist noch nicht weiter, ich frage die Verkäuferin, wo die Handtaschen hergestellt wurden. Steifes Leder, innen geraut, mit ornamentalem Schloss. In Pakistan, aha.

Während Lena guckt, kriege ich nebenher mit, wie jemand die reizenden Fummelchen probiert, die da an einer Stange für die französischen *jeunes filles* hängen, kleine, durchsichtige Dingerchen mit Volants und Rüschen und in Sommerfarben, lassen an Feten am Flussufer denken und Klassenfahrten auf dem *lycée* und den ersten Kuss. Ich schaue genauer hin und sehe ein welkes Frauchen um die Siebzig, mit blondiertem Haar, das sich so ein Rüschending über ihre schlaffen Brüste gezogen hat und nun mit einem Röckchen vorgehalten durch den Laden läuft. Ob das gut passen würde, das könnte man doch am Abend tragen undsoweiter, die Ladenbesitzerin gibt ihr auch noch Recht. Niemand sagt, was ich und vielleicht alle Männer sagen würden: Lassen Sie das Zeug mal hängen! Da gehört junges Fleisch rein, die zarten, leptosomen Mädchen, die man aus Eric Rohmers Filmen kennt. Die Kleidchen sind nicht gemacht für Siebzigerinnen, die dem Jugendwahn verfallen sind. Wen will sie denn damit aufreizen?

Lena entscheidet sich für eine kleinere Handtasche, die sie dann tatsächlich zum Essengehen nehmen kann, ich bezahle die Räucherstäbchen und die Keramik aus Peru, und draußen erwartet uns wieder der Halbschatten der Gasse, das Halblicht wie goldbraune Tümpel im Flussbett des Gardon, in dem alles möglich ist. Fast alles.

Eis mit Parfüm

Wieder einmal bestellen wir eines der günstigen Mittagsmenüs, drei Gänge, zum Schluss ein Dessert. Man kann bei jedem Gang aus zwei, drei Gerichten wählen, so auch beim letzten Gang.

Ich wähle das Eis und entdecke bei dieser Gelegenheit, dass die Eiskarte des Restaurants über vierzig Eissorten anbietet. *Parfums* heißt es da, und ich nehme an, dass es sich nicht um Dior- oder Chanel-Wässerchen handelt, sondern um Geschmacksrichtungen. Andere Länder, andere Eissorten.

Auf der Karte finden sich bekannte Sorten wie Feige, Apfel und Himbeere, spezifische wie weißen Nougat, Butterbiscuit, Kastanie und Crème brulée, aber auch exotischere wie Thymian, Lakritz und Honig-Pinie, und unter anderen kann ich mir beim besten

Willen keine Eiskrem vorstellen, so etwa Rose, Veilchen und – natürlich – Lavendel. Wie billig!, denke ich unwillkürlich. Zwar sind wir nicht in der Provence, aber Lavendel wird hier genauso in allen möglichen Produkten kommerziell ausgeschlachtet wie dort, von den allgegenwärtigen Lavendelsäckchen über Lavendelparfüm bis zu Lavendellimonade. Aber kosten muss ich dieses Eis doch, das ist mir klar.

Also bestelle ich mir diese Sorte mit und bin gespannt. Der Eisbecher kommt mit Schlag-sahne, Fruchtstücken und einem Holzspieß mit süßsauren Kaubonbons in Quietschfarben und ist groß genug, um den Nachmittag damit zuzubringen. Was man für einen Preis von einssiebzig je Kugel auch verlangen darf.

Das Thymianeis ist wassergefroren und wenig schmelzend und schmeckt tatsächlich nach dem Küchenkraut. Honig-Pinie ist sahnig und zaubert das dunkle, harzige Arom des Nadelbaumes auf meine Zunge, versehen mit knackigen Pinienkernen. Das Widerlichste und Anziehendste aber ist das lila Lavendeleis, das zart über den Löffelrand rollt, auf den Lippen zerschmilzt und schmeckt wie ein Biss in ein Stück Seife. Ich kann es nicht anders sagen, ich sage es auch so der Kellnerin, aber die kann mit meinen anschaulichen Metaphern nichts anfangen. Zugleich muss ich aber gestehen: Es schmeckt lecker.

Warum etwas, das sonst zum Wäschebeduften und Händewaschen gut ist, in Form von gefrorener Milch plötzlich dem Gaumen mundet, weiß ich nicht. Es ist so. Ich löffle die lavendelfarbene Crème in mich hinein, versüße sie mit Schlagsahne und lecke das Glas aus.

Hinterher sitze ich da mit einem Lavendelmund und weiß immer noch nicht, wie das funktionieren kann. Aber die voreilige Übersetzung hat sich im Nachhinein bestätigt: Das ist wirklich Eis mit Parfüm.

Markt in Anduze

Lena hat die Wochentage gelernt. Markt ist *jeudi*. Erst hinterher merken wir: Wir sollten nicht auf den Markt gehen, wenn wir noch nicht lange hier sind.

Zwischen die Steinhäuser gedrängt, wimmelt es auf dem Platz. Den Pagoden-Brunnen mit seinen buntglasierten Ziegeln beachtet niemand. Stattdessen hölzerne Tische und Stände, Buden, Tresen und Tröge, dicke Knoblauchzöpfe an Gerüsten, goldene Honiggläser in Reih und Glied, Lavendelsträuße und Kräuterbüschel, schwarze Auberginenhaufen, bunte Paprikaberge, grüne Zucchinimeere, eingelegte Oliven in allen Nuancen von Tinte bis Jade, Olivenölseifen in sauberen Stapeln und einem Dutzend *parfums*, Frauen in bunten Schürzen und Männer in langärmligen Hemden mit Hosenträgern, schwitzende Touristengesichter und solche aus Teakholz geschnitzt, ein Gestikulieren, Schachern, Anpreisen mit melodiösen Stimmen.

Was wollen wir alles? Gier und hungrige Gelüstigkeit sind schlechte Ratgeber.

Wir kaufen Gemüse für eine Ratatouille und fragen nach Rosmarin und Thymian. Der Händler lacht spöttisch und deutet in Richtung Berge. Schon verstanden. Idiot, denke ich. Aber später machen wir das wirklich und besorgen uns die Gewürze in der Garrigue. Ein anderer Verkäufer will uns klarmachen, wie lange der Knoblauchzopf hält, und blättert in seinem Kalender das Datum für nächstes Jahr auf. Ein Dritter drückt Lena ein Scheibchen Schinken unter die Nase und hat Erfolg. Erst kosten, dann zahlen. Zu dem halben Nussschinken nehmen wir noch eine der geräucherten Würste, *pur porc*. Olivenöl aus der Gegend um Uzès steht zum Degustieren, und von den weißen Löffelchen schmeckt das rapsgelbe Elixier mild oder pfeffrig oder nussig, wir nehmen zwei Flaschen, eine mit Goldmedaille. „Merci bjäng", sagt der Verkäufer, und ich revanchiere mich. Das gefällt mir, sage ich, die Sprache des Midi, die knallenden Nasale: päng, bjäng, demäng. Wir lachen, und lachend verabschiede ich mich mit „au reväng". Den Tapenadeverkäufer kennen wir schon vom letzten Jahr, da halste er uns ein Pfund auf, weil mir das Wort für „Das ist zuviel" nicht einfiel. Diesmal fordern wir eine Grammzahl, aber unbekümmert stopft er die saftige schwarze, grüne und rote Paste in die Plastikschachtel, dass am Schluss ein Drittel mehr als gewünscht herauskommt. Egal. In Gläsern wird irgendein Rotzeug angeboten, Piment, heißt es, scharf heißt es, das nehme ich, auch wenn die Verkäuferin mich für einen Engländer hält. Zwei Laibe von dem Ziegenbrie aus Korsika und eingelegte Oliven und vier Gläser Honig aus den Cevennen und von den duftenden Seifen fünf Sorten – uff!

Es reicht.

Wir schleppen schwere Tüten.

Und jetzt?

Zurück ins Sommerhaus, die Beute verstauen. Die Küche in eine *cuisine méditeranéenne* verwandeln.

Einfach leben.

Die Sprache ist eine Eidechse

La langue est un lézard, dieser Satz fällt mir zu spät ein. Die Erkenntnis, der er sich verdankt, kommt auch zu spät. Es geschieht während eines Andenkeneinkaufs. Lena betritt den kleinen Laden und will einen Hut, einen Strohhut. Sie schaut nach oben, wo ein Gewünschter hängt, und bittet mich, dem Verkäufer zu sagen, dass sie den da will. Den da, sagt sie und deutet mit dem Finger.

Natürlich brauche ich nichts mehr zu sagen, der Verkäufer ist ja nicht blöd, aber ich rezitiere trotzdem brav meinen vorbereiteten Satz, weil es sonst wäre, als bliebe im Bilderduden ein Pfeil ohne Benennung. Ebenso, als Lena den Hut ein klein bisschen größer möchte. *Un petit peu plus grand,* übersetze ich mir das stückweis wie beim Mosaiklegen und freue mich, dass ich meinen ständigen Versprecher „ein Kleines" statt „ein wenig" endlich sinnvoll anwenden kann. Der Verkäufer amüsiert sich über die Formulierung, wohl nicht zuletzt, weil ich sie nicht ohne Selbstironie über die Lippen bringe.

Überhaupt versetzt mich die fremde Sprache in Schulzeiten zurück. *Dans les vacances,* kann ich mich an die mit fahrig gezeichneten Comics unterlegten Geschichten erinnern, *M. et Mme. Leroc vont à la mer.* Und weil ich Frankreich damals nicht kannte, nicht einmal das nahegelegene Elsass, klang das alles wunderlich und geheimnisvoll. Und heute könnte ich wie in den ersten Lektionen auf die Dinge zeigen und die Namen nennen, ich erstaune sowieso über die Maßen, wie viel sich da in den Tiefen meines Gedächtnisses abgesetzt hat vom damaligen Vokabular, und so verstehe ich auch auf Anhieb die Aufforderung einiger kleiner Holzschächtelchen, dass ich versuchen solle, sie zu öffnen. Erst dadurch begreife ich, dass sie durch irgendeinen geheimen Mechanismus verschlossen sind, und es also keinen Sinn hat, bloß den Deckel lüften zu wollen. Und eingedenk eines unlängst gespielten Adventure Games am Rechner komme ich gleich auf verschiebbare Balken in den Schachtelwänden.

Richtig geraten. Außerdem wird mir erst jetzt klar, dass ich das Wort *essayer* kannte, ohne es zu wissen. Die Schachteln kommen aus Afrika, und jene eine mit der stilisierten Eidechse darauf gefällt mir sofort.

Ich finde den Balken, der zu schieben ist, und öffne die Schachtel. Drinnen ein würfelförmiger Leerraum, mit rotem Samt ausgeschlagen. Er fordert auf, gefüllt zu werden. Womit, weiß ich noch nicht. Aber manchmal kauft man zuerst die Schatztruhe, bevor man den Schatz findet. Lena hat einen Hut gewählt, einen schlappen, verformbaren Hut aus hundert Prozent Papier, da beißt das Wörterbuch keinen Faden ab. Ich zeige ihr das Schächtelchen, und auch sie versucht vergeblich, es zu öffnen. Der Verkäufer registriert unsere Unterhaltung mit Zufriedenheit und weiß längst, was sie bedeutet: weitere Verkäufe.

Tatsächlich sucht sich Lena, nachdem ich ihr den Balken gezeigt habe, eines aus. *A propos*, sage ich und spreche den Verkäufer auf die Blauen an: Das Weltmeisterschaftsspiel morgen gegen Mexiko. Ja, sagt er, es sieht nicht gut aus. Ich hoffe, sie werden gewinnen, triumphieren sage ich, weil mir ein anderes Wort fehlt. Er schürzt die Lippen, schaut an mir vorbei auf die Straße, würde sich hinter seiner Sonnenbrille verbergen, wenn er eine trüge, und sagt in philosophischem Ton, mit dem ganzen bärbeißigen Charme seines bartstoppeligen, braungebrannten französischen Gesichts: *On verra.*

„Man wird sehen": Das gibt nicht wieder, was er meint. *Seine* Worte sind wie das Orakel von Delphi, wie ein Volksentscheid, der Spruch nach Öffnung der Wahlurnen, ein Wägen und Sichnichtfestlegen, das die Hand veranschaulicht und der Kopf hellsichtig vorausnimmt – *on verra*. Dem ist nichts hinzuzufügen.

Will er nicht darüber sprechen? Trifft das einen wunden Punkt? Interessiert er sich nicht für Fußball? Hat ein Ausländer kein Recht, mit den Blauen mitzufiebern? Ich weiß es nicht. Ich verstumme, und unsere kurze Konversation ist zuende. Die Sprache ist wie eine Eidechse, erkenne ich also später: flink, schillernd und im nächsten Augenblick schon im Schatten der Mauerritzen verschwunden.

Baraka

Vom sonnenheißen Parkplatz geht es in das kleine Gässchen, das vor das Rathaus und die Restaurants an der Durchgangsstraße führt. Es heißt nach einem mittelamerikanischen Präsidenten, der im französischen Exil gestorben ist, Spitzname *Pélico*. Das Gässchen ist schon durchheitert von der Sonne auf dem Platz, aber noch schattig. Der Wind geht derb hindurch und lässt die Mousselinkleider der türbreiten Boutique tanzen wie Derwische. Ein Imbiss namens Baraka, Glück, bietet Kebap, Merguez und libanesisches Couscous mit Minze. Im Vorbeigehen ein Blick in das Höhlengewölbe einer alten Manufaktur, *usine méchanique* in verblichenen Buchstaben auf der Hauswand, drinnen sprühen Funken im Dämmer und beugen sich freundliche Halbgötter über ihr geheimnisvolles Werk. Und noch ein Blick in eine ferne Welt: ein Bambuswald im Innenhof, der Gehsteig nass vom Wässern, ein Treppenaufgang, ein Schuppen, ein offener Fensterladen. Patchouliduft und Tigerfell im goldäugigen Dunkel, aber da täuschen mich meine Sinne. Alles täuscht meine Sinne, wohlig und gerngesehen, auch der harte Asphalt unter den Strohsohlen meiner Espadrilles fühlt sich wie weicher Sand an, und am Ende des Sträßchens wartet ein Café mit Tischen und Stühlen unter einer Markise. Alles an diesem Gässchen mag täuschen, aber nicht das Glück, es einmal durchquert zu haben.

Abendmahl

Lena hat sich schlafen gelegt. Im Haus stehen alle Türen offen, die Gardinen bauschen sich im leisen Zug. Draußen wird es Abend. Ich hole mir aus dem Kühlschrank etwas Gutes, die Oliven in der Schüssel, den Ziegenkäse, die Tapenade vom Markt, hole ein paar Merguez aus dem Tiefkühlfach und brutzle sie in der Pfanne, dazu frisches Weißbrot und den Rest des Landweins von Tornac, biologischer Anbau, in einem Glas in Gestalt der Anduzer Vasen. Der Knoblauchzopf hängt am Schrank, auf der Fensterbank trocknen die Sträuße aus Rosmarin und Thymian für das Ratatouille morgen.

Auf dem Wohnzimmertisch baue ich alles auf und lasse mich zum Mahl nieder. Ich bin müde und still, die Haut heiß und verschwitzt, die Gedanken ruhig und erwartungsvoll. Drüben an dem kleinen Tischchen, an dem ich meinen Arbeitsplatz aufgeschlagen habe, wartet der Klapprechner und ein neues Kapitel meines Romans. Das Wachstuch des Tisches zeigt Lavendelfelder.

Die Merguez schwimmen in rotem Saft. Ich beiße ab, tunke das Fett mit einem Stück Weißbrot auf, nage eine Olive ab und lasse den schwarzen Kern in der Schüssel. Dann nehme ich einen Schluck von dem rubinroten, leichten Wein. Drüben an der Einfahrt breitet der knorrige Olivenbaum sein flirrendes Laubwerk, jetzt in der Abendsonne ein stilles Bild. Ein Bissen von dem kremigen Käse und ein Messerstrich der roten Tapenade aufs Brot. Und wieder einen Schluck Wein.

Ich könnte hier leben, merke ich. Man sagt ja, das könne man im Urlaub nicht beurteilen, weil der Alltag fehle. Aber das hier wäre mein Alltag. Ich komme mir vor wie ein Fischer an mediterraner Küste, der nach seinem Tagwerk sich stärkt. Mit bedächtigen Bewegungen, von denen jede den Wert der Speisen schätzt. Mein Tagwerk waren keine Morgen Mahd oder Kilo Fang oder Hektar Rebenschnitt. Mein Tagwerk sind die Bilder, die ich sehe, die Dinge, die mir geschehen, die Menschen, denen ich begegne, und die errungenen, zugefallenen, leichthändig gepflückten oder mühsam ausgegrabenen Wörter, in denen ich das alles behause. Mein Tagwerk ist das Haus der Sprache, das ich meiner Welt baue. Und es ist noch nicht getan. Die Nacht wird lang werden, Falter werden gegen das Fliegengitter schwirren, der Tee wird kalt werden in der Blechkanne, die Lampe spendet ihr Licht.

Es ist alles ein Geschenk, denke ich. Draußen flötet die Goldene Oriole ihr tropisches Lied ums Haus, die Tauben gurren und der Wiedehopf lässt seine schwermütige Klage hören. Das Licht wird apfelsinenfarbig und durchsichtig, alle Dinge sind in ihren Dämmertraum entlassen. Ein Hund bellt. Eine Zikade schrillt vor dem Haus. Ein Lied schläft in allem, und ich kann es wecken und zum Klingen bringen mit dem Zauberwort.

Es ist alles Geschenk.

Vignerons de Tornac

Die Weinfelder von Tornac. Grün stehen die Reben in der Hitze, Schilder weisen die Sorte aus. Dreilappige Blätter am hüfthohen Stock, am Straßenrand bemehlt von der staubtrockenen Erde. Der Parkplatz vor der Kellerei ist gekiest, die Reifen knirschen. Ein zweiflügeliges Gebäude, römische Reminiszenzen mit Hohlziegeldächern und abwechselnd Naturstein- und rosa verputzter Fassade. Über einem Portal geht es zu Dégustation und Verkauf, ein großes Schild sagt, wo man ist: *Cave Cooperative des Vignerons de Tornac*. Drinnen ist es kühl. In einer großen Lobby stehen an den Wänden Regale und Tische mit Kartons und Flaschen, ein großer Rundtresen mit zwei Kassen, Fliesenboden. *Bonjour, monsieurdame!* Es gibt Führungen, auch wenn wir wenig verstehen würden. Hier holen die Einheimsichen ihren Lieblingswein. Der Tornacer Wein ist trocken und süffig, nichts Besonderes, aber ein guter Wein zum Essen. Und preiswert. Rund vier Euro die Flasche. Wir kennen ihn, haben ihn im Garten getrunken unterm Sonnenzelt, zu Ziegenkäse und Weißbrot. Wir wählen trockenen Merlot und Cabernet, einen Bio-Wein und Lena einen weißen Sauvignon, alles

Landweine. An der Kasse werden die Flaschen in einen Karton verstaut. *Bonne jounée!* Wir packen den Karton mit beiden Händen und tragen ihn zum Wagen. Die Flaschen klirren leise, wir stellen den Karton in den Kofferraum. Nein, es ist kein Wegfahren wie von einem gewöhnlichen Einkauf. Es ist die tiefe Befriedigung des Jägers und Sammlers: das Einholen von Beute.

Die Gassen von Uzès

Mittelalterliches Burgennest auf dem Hügel. Von der Avenue de la Libération aus quert man den Boulevard Gambetta und verschwindet in einem Tordurchgang. Dann taucht man wieder auf in einem Labyrinth von Gässchen, Plätzen und Winkeln zwischen den dreistöckigen unverputzten Steinhäusern. Unterm luftigen Platanenschatten geht man über die Place aux Herbes und verschwindet im nächsten Torgang, wo an der Ecke die Mousselinkleider einer Boutique wehen. Dann verliert man den Weg. Zum Glück.

Eine leichte Abschüssigkeit weist die Richtung zur Cathédrale St-Théodorit, dort käme man wieder aus dem Irrgarten heraus auf belebte Straßen. Aber hier, zwischen den Häuserwänden, im Schatten oder im gleißenden Licht, ist es schön, sich zu verirren. An jeder Ecke wählt man den Weg neu, steigt an gegen den Hügel, auf dessen Gipfel der Herzogspalast thront, steigt ab, nimmt eine Längsgasse, kommt an einen kleinen Platz, von dem ein Stäffelchen hinunter in die Gärten am Fuß der Stadt führt, an alte Schilder und gusseiserne Laternen und die vielen kostbaren Türgriffe an alten Türen, verzierte und verschnörkelte Klopfringe und Riegel und Klinken, an einen Platz mit einem Brunnen, als wärs ein römisches Forum, und man setzt sich auf die schattigen Steinbänke und lauscht dem kleinen Wässerchen, das da aus dem Maul eines Bronzelöwen in den Steintrog plaudert. Über die Dächer erheben sich die Zypressen eines versteckten Serails in den blauen Himmel. Man kommt vorbei an einer marokkanischen Kunstschmiede, die orientalisches Ornat und Intérieur bietet, ein arabischer Schriftzug an südfranzösischer Mauer; man kommt vorbei an Tonschalen und -schüsseln in asiatischem Dekor, an einem Edeljuwelier schwäbischer Abstammung, der seinen Namen ins Französische übersetzen musste, an Boutiquen, die romantische Rüschenmode präsentieren, sie flaigt im Mistral wie eine Nachricht vom Bergfried, an Kunstateliers und kleinen Cafés, an Passanten und Irrgängern, an Flaneuren und Frankophilen, die den Faden der Ariadne suchen, an stillen Winkeln und Sitzplätzen auf Mauern, Treppen und Bordsteinen, an Feigenbäumen und Weinranken, und man tut steile Blicke mit dem Kopf im Nacken auf das Gewirr der Ziegeldächer und die drei Türme, die darüber sichtbar sind.

Leider kann man sich nicht lange verirren. Irgendwann steht man vor dem Donjon der Herzogsfestung und will an einer Führung teilnehmen oder steht vor

St-Théodorit oder hat den Hügel umrundet und findet sich von der Nordseite wieder auf der Place aux Herbes ein. Zeit für einen Kaffee. Zeit für einen Andenkenbummel. Zeit, die Zeit feilzuhalten und die gesehenen Bilder im Gedächtnis zu verwahren. Am besten allein. Denn man ist sowieso ein Eremit, dessen Seele noch in den Gassen umhergeistert, verloren, müßig und zeitlos, sich auf den Plätzen und an den Ecken tummelnd. Einem Leben, das zurückfindet in den Dienstagnachmittag im Juni in Uzès, wo das Auto unter Platanen wartet und die Stunden, die Tage gezählt sind. Zum Glück.

Place aux Herbes

Auf der Place aux Herbes, wo sonst Kräuter und Gewürze verkauft werden und die frischen und staubigen Düfte ziehen, setze ich mich an einen Cafétisch. Es ist nach Mittag, die aufgestellten Tafeln präsentieren jetzt das Angebot an Süßspeisen, zu essen gibt es erst wieder abends. Tarte tatin, Crème brulée, Tiramisu, Mousse au chocolat, Café gourmand in verschnörkelter Kreideschrift auf den schwarzen Tafeln. Ich bestelle einen großen *café au lait* und frage nach einem Aschenbecher. Der Kellner bedeutet mir, dass ich den hier draußen nicht bräuchte, unter den Tischen liegen die ganzen Kippen. Nun denn, aber ich habe meinen messingnen Reiseaschenbecher dabei und mag Kippen unter Tischen nicht.

Der Platz liegt umschlossen von mehrstöckigen Steinhäusern mit bunten Fensterläden und Eisengitterbalkonen. Niedrige Platanen mit ihren tarnnetzfarbenen Stämmen und dem steifen Laub beschatten den Platz, Passanten wechseln durch Sonneninseln und Schattenteiche, an den Mauern brütet die Sonne, unter den Arkaden nistet dick das Dunkel. Im östlichen Eck lässt eine Fontäne ihre Strahlen in einen runden Steintrog rieseln, die Stühle der Cafés wuchern ins Freie, Tische und Podeste sind aufgestellt für einen Kunstmarkt.

Drüben unter den Arkaden steht ein Wurstverkäufer. Er preist nicht an, lehnt nur auf seinem Tresen und stützt das Gesicht in die Hände. Die Leute gehen vorbei, und als endlich eine Gruppe Touristen stehenbleibt, wird er eifrig, redet, gestikuliert, steckt Wurstringe in Plastiktüten, kassiert, wünscht mit einem Gruß Hand zum Kopf einen *bonne journée*. Dann steht er wieder still, klein, in langärmligem Sweatshirt, rundköpfig, schütterhaarig, in den kurzen dicken Fingern seine Schinken und Würste und Specksaiten. Als ich ihn beobachte, schaut er herüber und zieht sich in den Schatten zurück.

Gegenüber sitzt ein jüngeres Paar, sie in weißem Pullover und mit blonden Haaren, er im Jackett mit Sonnenbrille und schwarzem Schnäuzer. Die Frau steht auf und will auf die Toilette, folgt dem Schild am Café, das in den Nebenhof weist, aber dort ist keine Toilette, das weiß ich. Die Frau kehrt kurz darauf zurück und berät sich mit ihrem Partner. Sie weist auf das Schild und zuckt die Achseln. Im Café, sage ich hinüber, die Treppe hinunter. Sie schaut herüber und bedankt sich, *ce n'est pas clair*, sagt sie und verteidigt sich gegen ihren Mann oder gegen die Leute oder wer immer zugesehen hat. *Ce n'est pas clair*, gebe ich ihr Recht, und sie verschwindet im Café. Später legt er den Arm um sie, sie beugt sich vor und flüstert mit ihm, auf dem Tisch sein Kaffee und ihr limonaden-grüner Longdrink.

Ich rauche drei Zigaretten, nutze die Pausen, in denen ich den Tabak ins Papier krümle und den Klebe-streifen befeuchte, um unbemerkt Blicke um mich zu werfen. Von den Gesprächen verstehe ich nichts. Die Leute queren den Platz, betreten die Cafés und Bou-tiquen, schleppen Plastiktüten, treffen einander und plaudern. Ein Durcheinander im Durcheinander von Licht und Dunkel, ein Platanenmosaik aus Sonne und Schatten, das Laub flirrt und fächert das Licht, der Wind geht in launigen Stößen über den Platz und lüpft die Tücher. Ich bestelle einen zweiten Kaffee und weiß, dass ich hier stundenlang sitzen könnte.

Ich habe mir die Stadt angeschaut, habe Andenken gekauft und Leckereien, habe einen wunderbaren Tee entdeckt und warte hier auf Lena, die das Château be-sichtigt. In zehn Minuten muss ich aufstehen und sie am Portal abholen. Eigentlich will ich nicht. Eigentlich will ich hier sitzen und auf den Abend warten, wenn die Tafeln mit den Diner-Gerichten hinausgestellt werden, die Laternen gelb leuchten im Laub und die Menschen in Abendgarderobe umhergehen. Wenn ich immer noch hier sitze und nun ein Glas Wein vor mir habe und noch immer meinen Reiseaschenbecher, der nicht voll wird, und rauche und keinen Grund finde, jemals wieder aufzustehen.

Auf der Suche nach dem verlorenen Geschmack

Eine gelbe Holzfassade mit verschnörkelter Schrift zwischen zwei Arkadenbogen: *La Cure Gourmande.* Ich trete ein und, wäre ich jetzt Franzose, würde zurückversetzt in meine Kindheit. Eine Kindheit, die es nicht mehr gibt. Eine Kindheit vielleicht in den Kolonien, wo unter Palmen ein schwarzes Kindermädchen den Kakao zur überdachten Veranda trägt, oder eine Kindheit, wo man in Balaruc-les-Bains promeniert unter Damen in Volantkleidern mit Sonnenschirmen, eine Kindheit in einer Küche mit Regalen und Gewürzen und Mehltüten, wo *Maman* und der Küchenchef zugange sind, eine Kindheit mit Biscuits zum Nachmittagstee in einer Stube mit Empirestühlen und verschnörkelter Kaminuhr, eine Kindheit, in der es noch prunkvolle Kurhotels gibt mit Kutschen und flanierenden Herren in Frack und Zylinder.

Da ich aber kein Franzose bin, nehme ich nur das Werbekonzept wahr. In Schütten sind haufenweise Kekse dargeboten, mit einem Plastikhandschuh in Papiertüten zu befördern und an der Kasse wiegen zu lassen. Die Kekse sind Kindheitsgenüsse, nach alter Rezeptur hergestellt, wie zu Großmamas Zeiten, heißt es, und die Ladenkette entblödet sich nicht, ein eigenes Kinderbuch „Die Suche nach dem verlorenen Geschmack" zu nennen. Proust gehört wahrscheinlich zu diesem Traumbild dazu, und jeder Franzose kennt den Geschmack, mit dem die Suche nach der verlorenen Kindheit beginnt: dem eines in Kamillentee eingeweichten Stücks Madeleine.

Da häufen sich Biscuits gefüllt mit Feige, Orange, Himbeere, Zitrone, Mandeln, Kokos, die platten Palets mit Butter oder Kakao, die Weberschiffchen mit Vanille, Zimt oder Fleur d'Oranger und die Bettlerinnen mit Schokostücken. In deckenhohen Regalen, verpackt in Zellophan, in bunten Blechdosen, in Geschenkkartons mit Schleifen lagern Nougat, Pralinen, Trüffel, Karamell mit Rosen- und Kaffeegeschmack, mit Rosinen, Pinienkernen und sogar Salz, Bonbons in kramladenbunten Schachteln oder Blecheimerchen mit Kirsch-, Aprikosen-, Erdbeer-, Mirabellen-, Apfel- und Bananenaroma, Mandelkonfekt aus Aix und reinbunte Lutscher – ein Panoptikum vergessener Genüsse. Mancher wird sich noch an Großtanten erinnern, die ihm solche Bonbons oder Plätzchen zusteckten, und entsprechend sind die Preise, die dem Kindheitstraum bar entsprechen sollen. Aber wer schaut auf den Preis, wenn er in die gute alte Zeit eintauchen kann? Für eine halbe Stunde vergesse auch ich die Zeit, verloren oder nicht, und genieße das Flanieren durch eine fremde Nostalgie. Volantkleider, Kurhotels und Kindermädchen sind ja auch mir nicht fremd, die Kaiserzeit ist auch für mich ein festes Bild, ein werbewirksames Repertoire an untergegangenen Werten und Dingen, und wer wünscht sich nicht, wieder einmal Brausepulver mit Waldmeistergeschmack aus der Handfläche zu lutschen?

Als ich Lena den Laden zeige und sie auch an meiner Geschmackssuche teilhaben will, habe ich nur eine Blechschachtel voller Himbeerbiscuits gekauft, vor allem um der schönen Blechdose willen. Ich koste einen von Lenas Keksen, ordentlich Butter drin, sicher, und viel kann man nicht davon essen, aber den Preis rechtfertigt der wiedergefundene Geschmack nicht. Bleibt uns die Anteilnahme an der französischen Seele, die sich, wie alle anderen, nach Heimat und Heimkehr sehnt.

Berührung

Ich setze mich hinter der Kirche auf eine schmiedeeiserne Bank. Laternenpfähle, Platanenschatten. Drüben der Ausblick übers Land, bastionenhaft, die spitzen Kegel der Zypressen und die von den Bruchsteinen scheckigen Gemäuer geben das vertraute Bild. Dort faucht der Wind, hier ist es stiller.

Ich drehe mir aus dem französischen Tabak eine Zigarette und zünde sie an in der hohlen Hand. Lena besichtigt die Kirche. Soll sie. Ich sitze hier und versuche, in Berührung zu kommen. Mit diesem Land, mit den Menschen, mit mir selbst.

Von weitem sehe ich das ältere Ehepaar auf mich zukommen und wappne mich vokabeltechnisch. Der Mann spricht mich an. Ich verstehe irgendetwas von Tanz. Ich frage dagegen, ob er Englisch spreche. Natürlich nicht. Woher auch? In der Schule scheinen sie die Weltsprache nicht zu lernen. Ich frage mich, ob sie nicht sprechen wollen, weil sie es nicht können, oder ob sie es nicht können, weil sie nicht wollen. Vielleicht ist es diesem Mann mit seinem Jackett und den Cordhosen und dem karierten Hemd peinlich, eine Sprache nicht zu können. Dann lieber die Peinlichkeit des Gefragten, der sich in der Landessprache abzappelt. Ihr könnt mich mal, denke ich. Aber immerhin verstehe ich, dass es um ein Tanzfestival geht, das nahe der Kirche stattfinden soll, ich erinnere mich an das gesehene Plakat, muss aber verneinen. Tut mir leid, das weiß ich nicht.

Dann habe ich fertiggeraucht und trete auf die Bastion, um auf Lena zu warten. Und wieder sehe ich von weitem ein junges Mädchen, das auf mich zukommt. Diesmal verstehe ich *feu* und sehe die Zigarette in ihrem Mundwinkel. *Mais oui*, kann ich sagen und krame das Feuerzeug aus dem Rucksack. Sie entschuldigt sich, dass sie mir Umstände macht, und hätte mich wohl nicht gefragt, wenn sie gewusst hätte, dass ich das Feuerzeug eigens herauskramen muss, aber ich winke ab. Macht nichts, und halte ihr das brennende Flämmchen hin, was bei diesem Wind natürlich Unsinn ist. Sie umfasst mit ihren schmalen Händen meine Hand, eine kühle, zutrauliche, unerschrockene Berührung, aber die Flamme erlischt sofort. Ich drücke noch ein paar Mal, sie umfasst meine Hand fester, bis mir klar wird, dass das so nicht geht. Ich überlasse ihr das Feuerzeug, und nun entzündet sie sich in ihren Händen die Zigarette. *Merci bien*, sagt sie und gibt mir das Feuerzeug zurück.

De rien. Aber eigentlich habe ich zu danken. Für ihre Berührung. Für diesen Augenblick des Kontakts, in der die Fremde vertraulich wird. Für die Anmut dieser Begegnung, die mich tröstet und erfreut, als wäre ich einsam und traurig gewesen. Noch lange an diesem Nachmittag, während ich schon wieder in den Gassen des Städtchens unterwegs bin, spüre ich die Berührung ihrer Hände auf meiner Haut, die feste, zutrauliche Kühle ihrer Finger.

Parlez-vous français?

Manchmal ist es wohltuend, durch die Straßen zu gehen und nichts von dem zu verstehen, was die Leute um mich herum reden. Im Café können sie nebenan die dümmsten Kommentare von sich geben, es rührt mich nicht. Und auch die vielen Werbetafeln und Reklameschilder für Versicherungen, Autowerkstätten und Maklerbüros gehen ungelesen an mir vorbei. Nur wenn ich willentlich hinschaue und übersetze, haben sie einen Sinn. Sonst kann ich sie, ähnlich wie chinesische Schriftzeichen, für Dekoration halten.

Im ersten Urlaub hier machte ich mir wenig Gedanken über die Sprache. Irgendwie würden wir uns verständigen können, und zum Einkaufen würde es reichen.

Mein Schulfranzösisch, auf das ich zurückzugreife, ist über dreißig Jahre alt und wurde, außer bei einem Ausflug ins Elsass, nicht gebraucht. Umso erstaunlicher, welches Fundament die fünf Schuljahre in meinem Gedächtnis gelegt haben. Nicht nur, dass ungefragt Vokabeln wiederauftauchen, an die ich nie gedacht habe, sondern auch Grammatikkenntnisse sind in erstaunlichem Maße vorhanden. Das *passé composé* mit seinen Formen der Hilfsverben habe ich noch drauf, selbst einige *imparfait*-Formen fallen mir ein, vom Futur weiß ich zwar nichts mehr, aber dafür geistert mir ein umgangssprachliches Futur mit *aller* und Infinitiv im Kopf herum. Vor Speisekarten müssen meine Kenntnisse zwar zuweilen kapitulieren, aber wir haben ja das Wörterbuch, das gelb und verräterisch auf dem Restauranttisch liegt, und für den Gang zur Apotheke oder zum Buchhändler wappnen wir uns vorher.

Ich spreche kein Französisch: Ich übersetze es. Ich formuliere in Gedanken den Satz wie ein Puzzle, nehme oft genug einen deutschen Satz zum Vorbild. Geläufig kommt mir kaum etwas von der Zunge, und wenn ich spontan meine Zufriedenheit, mein Missfallen oder meine Sympathie äußern will, stolpere ich über die trägen Wörter in meinem Kopf. Aber das ist alles noch zu bewältigen.

Nur das Verstehen! Das offenbart die ganze Wucht des babylonischen Fluches.

Unerwartet werde ich angesprochen, wird auf meinen vorbereiteten Satz reagiert. Es wird zu schnell gesprochen, vielleicht zu undeutlich, es ist nichts von dem enthalten, was ich erwarten würde, und schon merke ich, wie sich die Ratlosigkeit auf meinem Gesicht ausbreitet und es zu einer Maske des Unverständnisses erstarren lässt. Menschen kommen nicht zueinander, jeder bleibt allein mit seiner Botschaft, mit dem, was er dem Anderen zeigen will von seiner Welt. Für einen Mann der Sprache eine erschütternde Erfahrung. Das Verstehen ist eine existenzielle Sache.

Dennoch kann das Verstehen einer fremden Sprache sehr einfallsreich und zielsicher. Es ist unglaublich, wie wenig ein Mensch braucht, um eine fremde Sprache zu verstehen. Ein einziges bekanntes Wort, und die Situation sowie die Mimik und Gestik des Sprechers machen klar, was gemeint ist. Oft werden Lena und ich gefragt, ob wir hier in Ferien sind. Dabei verstehe ich nur das Wort *vacances* und erschließe mir den Rest aus der Situation und dem Frageton des Gegenübers. Zwar könnte es weiterreichende Folgen haben, wenn ich an der falschen Stelle Ja oder Nein sage, aber wenn etwa der Kellner kommt, die Karte bringt und sich fragend herbeugt, ich das rettende Wort *apéritif* verstehe, dann kann ich beruhigt *oui, un pastis, s'il vous plaît* sagen.

Das existenzielle Wesen des Verstehens kümmert die Franzosen nicht. Sie verlangen ganz selbstverständlich, dass jeder in ihrem Land ihre Sprache sprechen muss. Wenn er es offensichtlich nicht tut, nimmt dies kaum einer zum Anlass, dem Fremden entgegenzukommen.

Ich weiß nicht, weshalb die Franzosen so ungern Englisch sprechen. Die meisten lehnen es ab, weil sie es angeblich nicht können. Und ich frage mich manchmal, ob sie es nicht können, weil sie es nie sprechen, oder ob hier wirklich eine Weltverkehrssprache im Schulsystem sträflich vernachlässigt wird. Bei älteren Leuten mag das verständlich sein, sie haben nie Englisch gelernt; aber bei jüngeren ist dieses Bildungsdefizit unentschuldbar.

Jedenfalls ignorieren es die meisten Franzosen, wenn sie auf Englisch angesprochen werden, und antworten unverzagt in ihrer Muttersprache. Besonders wenn sie selbst auf Französisch angesprochen werden, parlieren sie munter drauf los, als hätte der Fremde bewiesen, dass er die Sprache ebenso beherrscht wie sie selbst. Ungeachtet dessen, dass eine Verständigung offensichtlich misslingt. Da nützt es nichts, dass ich die wortreichen Erklärungen des Kellners, weshalb wir uns um halb sieben nicht schon an einen freien Tisch setzen können, abschneide mit der Frage, was denn das Problem sei? Das Problem ist, antwortet er, und dann verstehe ich nur noch *prêt* und *travail*, „fertig" und „Arbeit". Dass ich nicht alles verstanden habe und mich die Erklärung angesichts des tatenlos herumstehenden Personals auch nicht zufriedenstellt, sieht er mir am Gesicht an. Aber es ist ihm egal.

Was soll ich tun?, frage ich mich oft. Die Leute auf Französisch fragen: Wie viel kostet dieser Aschenbecher, aber bitte antworten Sie auf Englisch?

Da hat es Lena besser. Lena kann kein Französisch. Sie hat am Gymnasium Latein gewählt, punktum. Wenn sie selbst einkaufen gehen will, versucht sie es auf Englisch, etwas anderes bleibt ihr nicht übrig. Sie vertritt den Standpunkt: Wer als Verkäufer, der von Touristen lebt, sich nicht auf ihr Sprachkönnen einlassen will oder kann, hat eben Pech gehabt.

Doch wenn wir zu zweit sind, ist die Lage schwieriger. Beginne ich mit Französisch, wird kein Gegenüber auf Englisch einschwenken, nur weil Lena den Mund aufmacht. Beginnt Lena auf Englisch und bringe ich bei Schwierigkeiten mein Französisch ins Spiel, müssen sich die Angesprochenen zu Recht auf den Arm genommen fühlen. Wozu mit der Frau in Englisch radebrechen, wenn der Mann Französisch kann?

Spät erst geht mir auf, dass meine Verstehensschwierigkeiten hier im Languedoc nicht nur in meinen mangelnden Sprachkenntnissen begründet liegen. Dazu muss erst eine Obsthändlerin von „frü" statt *fruit* reden, ein Apotheker in Nyons eine Meinung mit „parsa kö" statt mit *parce que* begründen oder ein Buchhändler „sins" sagen, wenn er *sans* meint. Erst dann wird mir klar, dass hier natürlich nicht das Französisch gesprochen wird, das ich gelernt habe oder das man meinethalben in Paris spricht. Hier spricht man Südfranzösisch, Mundart vermutlich, wie in Deutschlands Provinzen auch. Wenn ich mir einen Franzosen vorstelle mit Deutschkenntnissen aus dem Sprachkurs, der nach Schwaben kommt und den erstbesten Einheimischen nach dem Weg fragt, kann ich ermessen, in welcher Lage ich bin.

Raku in St-Quentin

Wir sind schon spät dran, kurz vor sechs. St-Quentin-la-poterie. Wenn ein Dorf schon die Töpfereien im Namen hat, sagt Lena und zitiert den Reiseführer, dann will ich es sehen.

Es ist eine kleines Städtchen mit Steinhäusern und engen Gassen auf einem Hügel, wie viele südfranzösische Städte. Der Parkplatz ist leer, Wind fegt darüber hin, in den Gassen bergauf ist es ruhiger. Ab und zu drückt sich ein Auto durch die wagenbreite Enge. Jugendliche spielen Fußball und lassen uns respektvoll durch. Die Hauswände sind unverputzt und weißbraun von dem verbauten Kalkstein. Ausgebleichte Farben an Fensterläden und Türen, manche Gassen wie ausgestorben.

Trotzdem bieten sich überall kleine Einblicke in die Poterien, offene Türen, Schilder, ausgestellte Keramik. Winzig sehen sie von außen aus, führen manchmal aber tief in Steingewölbe hinein, wo die ganzen Schätze lagern. Manche gefallen uns gleich, manche überhaupt nicht, und bei manchen sind wir unterschiedlicher Meinung. Ein paar Blicke entscheiden über Stehenbleiben oder Weitergehen.

An dieser Poterie wäre ich fast vorbeigegangen. A-
ber dann entdecke ich auf einem Podest im Innern
einige Schalen, die mich aufmerken lassen. Ich trete
näher, ein paar Stufen tiefer und schon stehe ich im
Atelier und schaue mir die drei Schalen an.

Keramik, weiß, Teeschale, mit gerauter Oberfläche
und rostbraunen Einsprengseln, die Innenglasur zer-
sprungen in tausendfältiges Mosaik. Die Form fügt
sich in den Handteller, das Dekor zurückhaltend und
doch Widerstand bietend. Das kommt mir sofort be-
kannt vor. Die Schönheit des vom Gebrauch Gealter-
ten. Die Anmut des Stillen und Unscheinbaren. Ich
weiß nach wenigen Sekunden, dass ich so eine Schale
haben muss. Ich glaube, ich fange an, Teeschalen zu
sammeln, sage ich zu Lena. Aus den Poterien der ganzen Welt.

Ich wähle eine und trage sie zu der jungen Französin, die hier verkauft. Die Künstlerin selbst? *Un peu
japonais*, sage ich ins Blaue hinein. Sie springt darauf an
und erzählt mir etwas von Raku und japanischem Ein-
fluss. Hab ich mir gleich gedacht. Raku kenne ich, habe selbst eine japanische Teeschale zuhause, wir reden
von *wabi* und *sabi*, und die einverständige Begeisterung,
die zwischen uns aufkommt, macht Lena draußen auf
der Straße eifersüchtig. Die junge Dame verpackt mir
die Schale sorgfältig. Zwölf Euro. Geschenkt. Als ich
wieder auf die Straße trete, komme ich mir vor wie ein
Jäger, ein Beutesammler, ein Kenner, den das Glück in
einer engen Gasse trifft.

Kaschmir

Die Tücher und Schals wehen wie Gebetsfahnen auf dem Himalaya. Der Wind stöbert in allen Ecken, bläst Papier und Hüte übers Pflaster, buht uns ins Gesicht und stößt uns in den Rücken. Herrlich, so im Wind zu gehen!

Es ist Markttag, und auf dem Plan de Brie haben fliegende Händler ihre Stände aufgebaut. Fliegende Händler, denke ich: Das passt heute. Lass uns mal gucken!, sagt Lena. Zielsicher steuert sie auf die Tücher und Schals zu, ich bleibe abseits stehen und schaue gelangweilt in die Gegend. Die Händlerin spricht Lena an, Lena antwortet auf Englisch, wie sie es sich vorgenommen hat. Oder ihren Selbstverteidgungssatz: *Je ne comprends pas.* Sie sucht jetzt nicht mehr bei den Tüchern, sondern bei den Schals, lange und breite, wundervoll bestickte und gefärbte Textilien, als kämen sie wirklich aus Tibet oder Goa oder Timbuktu.

Schau mal, sagt Lena und hält einen Schal von seinem Haken weg. Dieses Muster!

Cachemire, sagt die Händlerin, eine resolute Frau mittleren Alters mit Spangen und Kämmen im wilden Haar. Sie trägt selbst einen exotischen Kaftan und hat eines ihrer Tücher um die Schultern gelegt. Der Wind ist kalt.

Das Wort versteht Lena auch so. Sie sucht die Wäschemarke und überzeugt sich selbst. Siebzig Prozent, das ist viel.

Der würde gut im Herbst passen, sagt sie, wenn es kühler wird. Dann bräuchte ich keine Jacke.

Das bezweifle ich zwar, aber ich frage die Händlerin trotzdem nach dem Preis.

Soixante-quinze, sagt sie.

Ich überhöre den Bindestrich und übersetze: Sechzig und ein paar Zerquetschte.

Den nehm ich, sagt Lena sofort.

Ich weiß, sie hat sich in das Textil verliebt, ich sehe es an ihren Augen und der entschlossenen Härte ihrer Mundwinkel: Den muss sie haben. Nur das leidige Geld könnte sie in Skrupel stürzen, auch wenn wir im Urlaub sind.

Die Händlerin kommt und löst den Schal vom Haken, legt ihn Lena um, die zieht ihn sich zurecht und kuschelt sich hinein.

Ganz weich ist der, ruft sie.

Ich nicke beifällig.

Die Sache ist entschieden.

Dann geht es ans Bezahlen. Weil wir es nicht kleiner haben, reiche ich zwei Fünfziger hinüber, die Frau nimmt sie und zählt das Wechselgeld ab.

Es ist so eine Sache mit den französischen Zahlen. Ich denke, ich habe sie drauf, weiß noch den Fallstrick mit *quatre-vingt* für achtzig, verstehe auch immer besser, was gesagt wird. Aber hier hätte ich mich vergewissern sollen, ob tatsächlich *soixante Euros quinze*, sechzig Euro fünfzehn, gemeint sind oder nicht vielmehr sechzigfünfzehn Euro. Denn ab neunundsechzig wird mit sechzig weitergezählt, und so werden aus sechzig und Kleingeld satte fünfundsiebzig Euro.

Ich merke es, als ich das Wechselgeld nachzähle und mich wundere, warum keine Münzen dabei sind. Einen Zwanziger und einen Fünfer kriege ich zurück und starre verdutzt auf das Geld.

Was ist los?, fragt Lena, Unheil witternd.

Ich glaube, sage ich, ich habe da etwas missverstanden.

Ich frage noch einmal nach dem Preis und diesmal ist das „Euro" an der richtigen Stelle. Tatsächlich: Der Schal kostet fünfundsiebzig.

Lena sagt nichts, die Händlerin guckt irritiert.

Du kannst das sicher zurückgeben, sage ich zu Lena. Wir sagen einfach, ich habe falsch übersetzt.

Ach, sagt Lena und entspannt sich, lacht. Nein, ist schon gut so. Er ist auch diesen Preis wert.

Tut mir so leid, sage ich. Ich ...

Lass nur, winkt Lena ab. Ohne deinen Fehler hätte ich den Schal gar nicht erst in Erwägung gezogen. Ich bin jetzt froh, dass ich ihn habe. Ich geb ihn nicht mehr her.

Alles in Ordnung, sage ich zu der Verkäuferin, die stirnrunzelnd unserer Unterhaltung gelauscht und kein Wort verstanden hat.

Alors, sagt sie, viel Freude damit!

Die werde ich haben, sagt Lena, und schlägt sich das Tuch gleich um. Es flattert und bockt im Wind, Lena drückt sich hinein und strahlt.

Es ist wirklich warm, sagt sie. Danke, dass du dich geirrt hast!

Bambuserei

Die Bambuserei ist nur acht Kilometer entfernt. *Bambouseraie* sagt das Schild schon an der Einmündung in La Madeleine. Größte Bambuspflanzung in Europa, sagt der Reiseführer. Es geht am nördlichen Ufer des Gardon entlang bis Générargue, über eine Steinbrücke direkt auf den Parkplatz.

Guck mal, sage ich zu Lena. Ein Schild weist auf Schattenparkplätze hin; wenn der Asphalt glüht und die Dächer der Autos spiegeleierheiß werden, ist das auch notwendig. Nicht genug, hat man laut den Schildern sogar die Wahl zwischen verschiedenen Baumarten. Das ist uns nicht vergönnt, denn dort ist alles belegt, wir müssen den Wagen in der prallen Sonne abstellen.

Über eine Holzbrücke geht es zum Eingang. Nahebei, hinter Bambuswänden versteckt, der Bahnsteig für den Dampfzug, der zwischen Anduze und St-Jean-du-Gard verkehrt. Luftig-offene Waggons mit winkenden Menschen, als ging's viertausend Meter hinauf zur Hill Station Darjeeling. Das macht sicher der Bambus, denke ich. Laut und schrill tutet es herüber.

Im Park, heißt es, ist Rauchen verboten. Brandgefahr vermutlich. Eine Boutique am Eingang bietet allerlei Erlesenes und Nutzloses feil, es riecht nach Räucherstäbchen, im Hintergrund spielt Indianergesang, teurer Japantee in Vakuumbeuteln, Holzschalen aufgereiht und Porzellan, als hätte das alles mit dem Bambusgarten zu tun.

Wir blättern im Führer. Seit 1856 angepflanzt, von einem Eugène Mazel, aber das interessiert uns nicht. Dreihundert Bambusarten auf vierunddreißig Hektar, vielleicht finden wir sogar die Sorte, die in unserem Garten wächst.

Das bloße Gehen und Schauen tut gut. Angelegte Gärten haben mich schon immer angezogen, Zoos und Parks sind für mich Reminiszenzen des Paradieses, und die Gärten der persischen Königspaläste führen mir eindrücklich die Ursehnsucht des Menschen vor Augen.

Wir gehen Hand in Hand, schlendern, sind froh, der Hitze im Sommerhaus entronnen zu sein und die Lüfte zu genießen, die den Park durchwehen.

Die Anlage ist weitläufig, aber wir halten uns an keinen Plan. Wir wollen nicht einmal weit gehen oder alles anschauen; wir wollen nichts gewinnen oder erobern. Wir wollen nur Stille und Geborgenheit, eine Oase, in der wir vielleicht uns selbst begegnen.

Wie auf Dschungelpfaden erkunden wir ein Inselinneres oder sind auf Pilgerfahrt zu einem Urwaldtempel. Selbst die Toiletten sind luftig aus Bambus gebaut, und beim Pinkeln winkt der Schatten der schmalen Blätter herein. Kanäle durchschneisen den Wald wie von versunkenen Kulturen, Bächlein rinnen und Brückchen queren sie, das Licht fächelt magisch in den

Bambusschöpfen, und die Wedel der Fächerpalmen zaubern hypnotische Muster auf den Kies. Tausendjährige Magnolien breiten ihre Äste, geheimnisvoll schimmern die weißen Wachsblüten im Dämmer, himmelhoch ragen Sequoien und erfordern eine Erklärungstafel. Adrett hat man Bambushaine verteilt, sie sind zu Büschen gepflanzt, zu Dickichten, zu Stangenwäldern, die stehen hoch und dunkel, bergen Sonnenschächte im Innern und sind monochromatisch bunt von den schwarzen, gelben, grünen Sprossen mit den verdickten Ringen. Eine andere Welt, in der wir uns befinden.

Die Nähe zum Fernöstlichen kommt nicht von der Pflanze. Wie sie hier wächst, hat sie nichts Japanisches. Eher denke ich an die Dschungel von Vietnam oder den Girwald Indiens. Dennoch hat man im Tal des Drachen einen japanischen Tempelgarten nachgeformt, ein silberner Teich, in skurrile Konturen gestutzte Bäume, Steinlaternen – ein Bilderbuchanblick. Hier sollte man sitzen und über die Landschaft meditieren, aber im Aussichtspavillon gibt es keine Sitzgelegenheit. In einem Winkel glimmt stattdessen ein roter Ahornbusch in stiller Glut vor sich hin, durchleuchtet von der Sonne.

Nein, wir sind nicht mehr im Languedoc. Obwohl in diesem Klima der Bambus gedeiht. Obwohl er in unserem Garten ausgewildert ist. Wir wandeln in einem Garten, von Menschenhand gebildet, ein Refugium, eine Zuflucht. Rau streicht das Haargefilz der Palmen an der Handfläche, und still sind die Alleen im

Kaleidoskop aus Licht und Schatten. Wir gehen Hand in Hand, ab und zu mache ich ein Foto, Lena ist still und müde, ein wenig verdrossen, weil sie ans Büro denken muss und sich fragt, ob sie etwas hiervon mitnehmen kann in die Arbeit.

Weißt du, sagt sie nachdenklich, mit dem Blick im Staketendämmer des Bambuswaldes, ich will nicht, dass die Tage immer so verplant sind. Morgens kann ich nicht ausschlafen, und abends muss ich früh ins Bett, damit ich genügend Schlaf habe. Das ist hier anders.

Ich verstehe sie gut, auch wenn es mir mit meiner Arbeit anders geht. Ich schweige und lege den Arm um sie.

Im Bambuswald, wo das Gewächs zwanzig Meter hoch in dichten Wällen steht, setzen wir uns auf eine Bank aus Bambusrohren. Es ist still, nur ab und an kommen Besucher vorbei. Wir schweigen beide.

Der Bambus spricht.

Seine Wipfel rauschen im Wind. Die Stämme hakeln und schlagen gegeneinander wie mit Stöcken. Es knarzt und quietscht, wenn sich der Wind erhebt. Ein Rascheln und Tuscheln allenthalben, und sacht senkt sich ein Regen gilber Blätter auf die Wege. Wenn der Wind einschläft, kehrt die Stille zurück.

Hier könnte ich ewig sitzen, sage ich.

Ja, sagt Lena. So friedlich.

Die Kunst ist, sage ich zu ihr, Zeitlosigkeit zu erreichen. Im Augenblick leben. So zu tun, als hätte man alle Zeit der Welt.

Wie hier, sagt sie. Dann legt sie ihren Kopf an meine Schultern, froh und ein bisschen traurig und erschöpft von all dem Widerstreit in ihr.

Als eine Reisegruppe aufmarschiert und den Wald mit Stimmengewirr erfüllt, gehen wir weiter.

Wir nähern uns dem Ausgang. Hier werden Pflanzen gezogen. Es gibt alles Mögliche in Töpfen: Gingkos, Oliven, Feigen, Bambus. Sie sehen hoffnungsvoll und lebensfroh aus, die Schößlinge, und fast erliegen wir der Verlockung. Aber unser heimischer Balkon ist nicht der Ort für diese Geschöpfe. So können wir die Oase nicht mitnehmen. Es gibt Bambusprügel zu kaufen, Bambusschälchen, Bambushüte und sogar eine Flöte, mit der sich zauberkräftig ein Schatzinsel-Lied spielen ließe, und die Töne würden weithin im Park widerhallen.

Als wir wieder draußen sind, auf dem Parkplatz, kehren wir nur langsam zurück in den heißen Midi-Sommer. Ein sanftes Bild geistert uns durchs Gemüt, eine Wiederkehr des Ersten Gartens, in dem der Morgen der Menschheit anbrach.

Markt in St-Jean-du-Gard

Dienstags Markt in Saint-Jean-du-Gard. Das haben wir im Reiseführer entdeckt. Was für ein Markt steht nicht da, ob Wochenmarkt, Fleischmarkt, Olivenmarkt oder gar Krämermarkt. Wir sind gespannt.

Wir fahren die paar Kilometer nach Westen und parken in dem kleinen Städtchen am Straßenrand. Die öffentlichen Parkplätze sind voll, der Markt muss ziemlich beliebt sein. Wir gehen die Rue Maréchal de Toiras entlang am Rathaus und der evangelischen Kirche vorbei, die hier Tempel heißt. Drei Damen stehen in Heilsarmeeuniform mit Gitarre und schmettern andächtig ihre Rettungslieder auf Französisch. Traktate liegen aus, ein handgeschriebenes Pappschild: *Jésus est la vie!* Eines der Lieder kenne ich sogar. Am liebsten würde ich hinübergehen und sagen: Gut so! Macht weiter! Niemand kann wissen, wohin die Saat fällt.

Für den Markt sind die Straßen abgesperrt worden. Stände und Buden und fliegende Händler reihen sich aneinander, also doch ein Krämermarkt, denn Gemüse und Fleisch suchen wir vergeblich. Erst später finden wir die Stände in einer offenen Halle, dort kaufen die Einwohner ihre Wochenendration. Es ist hier im cevenolischen Städtchen mehr als ein Krämermarkt: Es ist ein Bazar der Regionalwaren, eine Fundgrube verborgener Schätze, eine Galerie bunter Nutzlosigkeiten, und unvermittelt überkommt mich eine große Lässigkeit, eine mulmige Freude im Bauch, die mir den Schritt leicht macht. Die Börsen füllen wir uns am Geldautomaten einer hiesigen Bank, dann sind wir zu allem bereit.

An einem T-Shirt-Stand komme ich mit einem wilden Kerl ins Gespräch, der quer durch die Welt reist auf der Suche nach Motiven für seine selbstgedruckte Ware. Sagt er. Was er ausliegen hat, erinnert an das koloniale Sammelsurium eines Ethnographen und scheint seine Behauptung zu bestätigen. Aborigine-Bilder aus der Traumzeit, Inka-Hieroglyphen aus Mittelamerika, Runeninschriften mit Fischgrätmuster aus Island, libanesische, baskische, etruskische, normannische Ornamente auf sattem Schwarz. Ich frage ihn, ob er auch die Steinzeichnungen in Skandinavien kennt, die *hällristningar* im schwedischen Granit, und er erzählt, dass er erst letztes Jahr in Südschweden an so einem Ort vorbeigekommen sei. Tanum in Schweden, sage ich – mittlerweile haben wir ins Englische gewechselt – und beschreibe ihm, was er gesehen hätte. Lena lacht, hier haben sich zwei gefunden, sagt sie. Er schüttelt mir die Hand und macht mir ein Angebot für zwei T-Shirts. Vielleicht treffen wir uns einmal unterwegs, sagt er und findet, ich solle kein Englisch sprechen, Französisch wäre besser für mich.

Eine ganze Ladenbreite duftet nach selbstgemachten Seifen in den verschiedensten Düften. In einem Laden entdecken wir Santons aus der Provence in einem Glasschrank. Sie stammen aus Aubagne und sind fein gearbeitet, bemalt wie Kinderspielzeug. Den bunten Figürchen können wir nicht widerstehen. Wie Santons hierher ins Languedoc kommen, frage ich und erfahre, dass es im Ort ein Santonmuseum gegeben hat, dessen Sammlung aufgelöst wurde, und der Laden hat die Bestände und die Kontakte zu den Handwerkern übernommen.

Hier, sagt Lena, den nehm ich, und deutet auf einen Hängebäuchigen mit Hut und Weinflasche, der sich gegen ein Weinfass lehnt. *C'est la vie*, sagt er zu allem und zuckt die Achseln, lässt sich nicht vergrämen durch die Dummheit und Eitelkeit der Menschen, kennt das Leben und die Träume und die Lässigkeit, die gegen beides hilft. Den stelle ich mir im Büro auf den Schreibtisch, sagt Lena. An den will ich mich halten. Eine Art provenzalischer Buddha, denke ich und freue mich, dass so einer für Lena zum Lebensmotto werden kann.

Wir wandeln den Markt hin und her, hinauf und hinab. Nicht vorschnell kaufen, es mag sich noch Schöneres finden. Der Markt gefällt uns besser als der in Anduze. Vielleicht mehr auf Touristen ausgerichtet, obwohl St-Jean etwas kleiner ist.

Am Ende beglückwünschen wir uns zu der Idee. Interessant ist es immer, und ein paar Schätze haben wir auch ergattert. Hier können wir ja nächste Woche noch mal herkommen, sagen wir. Wenn das jeden Dienstag stattfindet ... ! Und das Nachbarstädtchen haben wir auch kennengelernt.

Château de Tornac

Man kann den Berg auch hinauffahren. Aber Lena möchte lieber gehen, trotz der Hitze. Die Steigung ist mäßig, der Kiesweg nur wenig holprig, aber die Hitze macht mich fertig. Als ich oben bin, muss ich mich erst einmal in den Schatten setzen und trocknen.

Mediterranes Mittelalter. Raues Gemäuer. Schmucklos, wie alle Ruinen, aber bewohnt von Mittelmeergeistern. Um das kahle Kalkplateau herum gedeiht die Maquis, Erdbeerbäume und Steineichen, deren Blätter die Haut zerkratzen. Stechwacholder und einzelne Maulbeerbäume. Hinter den Mauern, im Wald, schrillen die Zikaden. Sie schrillen in regelmäßigen, kurzen Abständen, und manchmal setzen die Pausen aus und es ist ein fast metallenes Sirren, ohrenbetäubend. Ihr Geschrei dringt in den Stein und lässt ihn schwingen, verwandelt seine Stille in beredtes Schweigen.

Wir streunen umher. Von den Infotafeln verstehe ich nicht alles, im zwölften Jahrhundert der Turm Sandeyren erbaut von den Herren von Anduze auf römischen Fundamenten, im sechzehnten ausgebaut zur Burg von Bremond de la Jonquière. Zerstört in den Revolutionswirren, Ort eines Scharmützels von Résistancekämpfern gegen ein flüchtiges Nazifähnlein: die Schlacht von La Madeleine. Eine weiträumige Anlage mit vielen Winkeln und Höfen, Teile sind abgesperrt wegen Einsturzgefahr, die Kavernen etwa, Gewölbebögen voller Schutt. Drei Türme, zwei eckige, ein runder. Im Norden der Burghof mit Freiung, von der der Blick weit ins Land geht. Ein knorriger Efeu hat sich in die Mauer verkrallt und gedeiht seit Jahrhunderten. Im Boden zu seinen Füßen fördere ich einen Scherben zutage, Ziegel mit Randkerbung, während der Wind um die Feste tost und die Zikaden singen.

Lena geht ihrer eigenen Wege. So machen wir das immer. Ich setze mich in ein Rundbogenfenster in der Ostmauer und lasse meine Augen wandern über die Gefilde, die sich im Hitzedunst ausbreiten.

Weingärten und Haine, weiße Wege zeichnen orakelhaft darin, die roten Ziegeldächer der Gehöfte, die Nadeln der Zypressen wie Ausrufungszeichen in einem hymnischen Gedicht. Das Muster des Landes redet von Fruchtbarkeit, von Sommern, in denen der Saft eindickt, von Durft und Herbe, von Lieblichkeit und Sättigung und dem goldroten Laub im Herbst.

Lena kommt hinzu und teilt den Blick. Wir sagen kein Wort. Blicke, weite Panoramen von befestigten Höhen aus kennen wir genug; aber hier gehen sie auf ein Gelobtes Land, auf Gärten und Haine antiker Kunst und Lust, die Kunst und Lust, den Boden zu bebauen, die Kunst und Lust, Reben zu erziehen, die Kunst und Lust, zu leben.

In den Gassen zwischen Höfen und Türmen, an den Mauern entlang und durch die Portale hindurch bläst der Wind. Wir verstehen seine Kunde, jahrtausendealt, sein einsilbiges Beharren auf der Freiheit und Wandelbarkeit, seine unbeirrte Botschaft von Kraft und Vertrauen. Wir lassen uns von ihm die liebgewonnenen Leiden vom Leib reißen, wir wollen frei sein im Strom des Jetzt, wir wollen sein Lied auf unserer nackten Haut singen lassen in äolischen Oden.

Beim Abstieg bleibt der Ort zurück wie niegesehen. War es ein Traum, ein Mittagsgesicht? War es das

wohlvertraute Wiegenlied zwischen Wach und Schlaf?
Ein anderes Leben, davon kündet dieser Ort.

Espadrilles

Man sieht sie nicht so oft, wie man denken würde, an
den Füßen der Südfranzosen, aber man sieht sie. Den
hinteren Teil umgeklappt, werden sie zu Pantoffeln,
und die schmalen, braungebrannten Füße der Damen,
die im Baumwollschlupf verschwinden, haben zusammen mit der Strohsohle etwas verrucht Ländliches,
etwas lasziv Schlampiges. In Supermärkten findet man
die Regale voll mit allen Größen und Farben, ge-
schlechtsneutral, und auch in den Schuhläden oder
Boutiquen haben sie ihre Kunden, meist Touristen.

Die Espadrilles allein sind eine Weltanschauung, ein
Wetterprophet, eine Verheißung leichtfertigen Lebens.
Denn sie ergeben nur Sinn in einem Land, in dem es
wenig regnet, zumindest im Sommer. Sie versprechen
heiße, trockene Tage und die Notwendigkeit, einen
kühlen Fuß zu bewahren. Sie machen das Leben leicht,
indem man hinein- und hinausschlüpft ohne lästigen
Aufenthalt, indem man sie drinnen wie draußen trägt,
indem man vergisst, dass man sie überhaupt trägt. Sie
sind eine charmante Art und Weise, barfuß zu gehen,
und der Schritt auf dem Pflaster der Gassen oder dem
Sand der Plätze ist ebenso hart und ungefedert. Man
geht wieder mit dem ganzen Fuß, spürt jeden Muskel
und wie er auf den Boden reagiert, man setzt die

Schritte behutsam und rollt vollständig ab, nicht eilfertig beschleunigt durch allzu weiche Sohlen.

Schritte in Espadrilles passen zum Süden. Lange Wanderungen kommen bei der Hitze sowieso nicht in Frage. Es sind Sonnenschuhe für den Strand oder Schattenschuhe fürs Café; es sind Schuhe für den Rauch schwarzer Zigaretten ebenso wie für blütenleichtes Parfum; Schuhe fürs Boulespielen, fürs Flanieren, fürs Einkaufen auf dem Markt, fürs Gaspedal im Auto und die Felsen am Fluss, für den Sandweg durch Pinienwald und Besichtigungen von Schlössern, für Samtteppich und Parkett und Granitboden in der Küche mit der steinernen Spüle. Nur eines darf man in ihnen nicht: hetzen. Sie nehmen den Gang der Landschaft, der Gassen, der Häuser in sich auf, sie bekommen ihr Maß von den täglichen Müdigkeiten und Mühen, den seltenen Schwerelosigkeiten, den wenigen Momenten, in denen sie tanzen dürfen und schweben und hüpfen im Promenadenschritt durch eine plötzlich sorglose Welt. Sie vertragen keine Armbanduhren und Termine, keinen Stechschritt und kein eiliges Stolpern, weder Marsch noch Marathon. Eher taugen sie zu Farandole und Fête, Flohmarkt und Fischerhafen.

Wer sie anzieht, zieht die Zeit aus. Tage werden nicht mehr gezählt, Augenblicke dauern ewig, das Jetzt und Hier öffnet Panoramen auf weites, unbetretenes Land. Wer sie anzieht, macht Entdeckungen und wird behutsam mit sich selbst, oder vergisst sich völlig und weiß nicht mehr, was er tut. Er tut es einfach. Deshalb entschließt man sich auch nicht, sie anzuziehen: Irgendwann sind sie an den Füßen, wenn man schon unterwegs ist, man weiß nicht, wie sie dahingekommen sind, und man will es auch nicht wissen.

Dabei ist es ein sinnliches Erlebnis eigener Art, in sie hineinzuschlüpfen. Anfangs sind sie von den Maschinen plattgedrückt, und die Zehen müssen sich hineingraben in die Baumwollhülle, sie beulen und wölben, um überhaupt Platz zu finden. Der Saum ist noch weit weg, es bleibt Raum. Mühsam zieht man mit dem Daumen das hintere Ende über die Ferse, und dann geht man erste Schritte und denkt sich: Was für ein enges Zeug! Die Strohsohle knistert und lässt an Heuschober denken. Später schlüpft man in sie hinein, wie man aus ihnen herausgeschlüpft ist, sie behalten die Form und scheinen auf einen zu warten, locken mit ihrer Wölbung, ausgefüllt zu werden. Und schließlich haben sie sich gedehnt, man schlappt ein wenig mit der Ferse, vorn stößt man mit dem großem Zeh eine scharfe Delle ins Tuch, und nur noch locker umschmeichelt der Schuh den nackten Fuß, fällt nicht ab, hält aber auch nicht fest, bleibt so locker wie ein flüchtiges Versprechen oder eine Verabredung zum Kaffee. Daran muss man sich gewöhnen. Damit muss man leben. Das muss man lieben lernen. Und vielleicht könnte man ein Sprichwort daraus machen: Manchem passt die Liebe wie oft getragene Espadrilles.

Der Pizzawagen

Wir kommen spät von einem Ausflug zurück. Lange Fahrt im überhitzten Wagen. Was gibt's zu essen zuhause? Weißbrot und Käse, oder sollen wir essen gehen, oder kochen wir gar noch?

Neben der Straße steht an der leeren Stelle, an der wir schon oft vorbeigefahren sind, ein roter Pizzawagen. Heute ist er also da. Gerade heute. Wir biegen ein, ein zweites Fahrzeug steht dort, ein Mädchen wartet im Wagen, die Türen geschlossen, weil ein wilder Wind durch die Landschaft fährt.

Pizza vom Holzkohlefeuer, werben das Schild und der Schriftzug auf dem Wagen. Ein Hund liegt müde davor und hebt nur einmal den Kopf. Wir treten in den Windschatten des Gefährts und studieren den Aushang. Entgegenkommend spricht der Bäcker uns an, aber wir verstehen nichts. Besonders heute Abend nicht, nach dieser langen, ermüdenden Fahrt und den vielen Bildern im Kopf. Es ist fast wie in einem Traum. Man biegt um die Ecke, und da steht der Pizzawagen mit seinem verlockenden Duft, den allerdings der Wind zerbläst.

Wir wählen und bestellen, er hat noch beide Öfen belegt und bittet uns zu warten. Vielleicht im Auto, wie das Mädchen dort. Lena legt fröstelnd die Arme um sich. Der Hund erhebt sich und kommt, matt schwanzwedelnd, zu mir her, um sich kraulen zu lassen. Wann genau sind Sie eigentlich hier?, frage ich, um das Wunder zu erklären. Jeden Abend, sagt er. Ab sieben. Jeden Wochentag. Und er zählt auf, wo er noch überall steht. Aha, denke ich, er zieht also mit seinem Wagen durch die Gegend, verdient seinen Unterhalt mit Pizzas für acht Euro und den beiden Öfen, unter denen er hin und wieder die Glut schürt. Fertigteigböden, eine Schüssel mit Tomatensoße, Zutaten aus Plastikboxen.

Lena holt sich die Strickjacke aus dem Auto und lehnt sich an die verwahrloste Steinmauer. Der Wind lässt ihr Haar wie eine Fahne wehen und die Jackenschöße dazu. Sie genießt den herben, wilden Zuspruch des Windes, und die kleine Versammlung von Dingen und Menschen an diesem Ort am Straßenrand erfüllt sie mit Frieden. Ein Kiesweg führt bergauf in Weinfelder und Eichenhaine. Brombeerdickichte füllen den Graben. Königskerzen blühen fett und schwefelgelb am Rain. Der Verkehr auf der Durchgangsstraße strömt vorbei.

Tatsächlich biegen noch zwei Autos ab und stellen sich dazu. Das Mädchen erhält ihre Speise in Pappschachteln und fährt davon. Wir lächeln ihr solidarisch zu. Dann sind unsere Pizzas fertig, wir tragen sie in einer Plastiktüte davon. Scharf?, fragt der Mann noch, und jetzt sind zwei andere Männer am Wagen und unterhalten sich, und jetzt verstehe ich nicht einmal mehr, was er will. Scharf, sagt er und hält Tütchen hoch. Für die Pizza. *Piment.* Ach so. Als sprachunkundiger Ferienhausbewohner nehme ich die Tütchen und wundere mich noch, dass Franzosen rote Chilisoße über ihre Pizza träufeln.

Als wir weiterfahren, haben wir unser Abendessen warm auf dem Schoß. Es duftet köstlich. Dazu wird der hiesige Rotwein gut passen. Das Haus erwartet uns.

Mittagsspuk

Villevieille, die „alte Stadt". Der Weiler liegt halb auf einem Bergrücken und bleckt zwischen den Gärten und Olivenbäumen seine Felszähne. Es ist heiß, wir flüchten aus dem geparkten Auto und suchen den erstbesten Schatten. Das Château beeindruckt von außen, wilde, dabei fest gefügte Steinmauern, ein Turm, ein Torgewölbe, daneben ein Schild: Führungen morgens und mittags ab zwei. Eintritt sieben Euro. Der Vorhof sieht verheißungsvoll aus mit seinen alten Bäumen und den blühenden Rhododendren, aber das Tor ist verschlossen.

Der zweitbeste Schatten liegt auf der Terrasse eines kleinen Cafés, wo sich einige Franzosen zum Mittagessen versammelt haben. Wir nehmen den Tisch in der Ecke unter einem Hibiskus und bestellen *café au lait*. Wir sitzen, ich rauche, in Vasen aus Anduze gedeihen knorrige Olivenbäume. Dann kommt der Kaffee, groß, wie der Ober sich vergewisserte, in winzigen Tässchen, halb gefüllt. Ist das ein *café au lait*?, frage ich nach, und mit einem lässigen Wink zeigt er auf das beigestellte Milchkännchen. So geht's natürlich auch, denke ich. Im Haus gegenüber hören wir Gelächter und Gebrüll, verschlossen hinter der Glastür des Hausflurs. Ein Unhold erschreckt kleine Mädchen, und immer, wenn er brüllt, kreischen sie vor Entzücken.

Um zwei stehen wir vor dem Tor und rütteln an Klinke und Riegel. Nichts rührt sich. Nur die Eidechsen flitzen die Mauern hinauf und verschlüpfen in den schattigen Ritzen. Der Rhododendron blüht. Das Tor schweigt.

Schließlich entdeckt Lena eine Klingel, bei deren Betätigung ein Alarm losgeht, und plötzlich ist das Tor offen und wir betreten den hermetischen Innenhof, wo ein Männlein in Hosen und Hemdsärmeln steht und uns bittet, für fünf Minuten da drüben zu warten. *D'accord*, kein Problem.

Das Drüben ist ein kahles Herrenzimmer, dessen schwere, dunkle Möbel mit den gekalkten, leeren Wänden kontrastieren. Wir setzen uns auf die Treppenstufen, die zum Garten hinausführen. Eine Katze trottet herein und macht es sich auf dem Steinboden bequem.

Wir warten. Lena macht ein paar Schränke auf, aber nichts Interessantes darin. Wir stellen uns die Führung auf Französisch vor mit uns als einzigen Besuchern. Das könnte er sich alles sparen, wir verstehen sowieso kein Wort. Was tut er eigentlich da drüben in seinem Büro, wo ein giftiger Köter bellt, sobald wir einen Fuß in den Hof setzen?

Wir warten. Fünfzehn Minuten. Auf einmal wird mir seltsam. Bang und unheilvoll und das deutliche Gefühl: Ich muss hier raus. Ich kann mir das nicht erklären. Was ist das? Geheime Intuition? Außersinnliche Wahrnehmung? Hysterie? Was fliegt einen da manchmal an? Was für Unwesen aus Vergangenheit oder Zukunft? Behutsam bringe ich den Gedanken Lena nahe, aber sie hat sich schon Ähnliches zurechtgelegt. Können wir das bringen?, fragt sie. Einfach gehen? Ja, wir können. Ich muss hier weg. Ich halte es in diesem Gemäuer, dieser Stille und mit diesem Männchen keine Sekunde mehr aus.

Unsere Schritte knirschen im Kies, der Hund geifert, aber sonst tut sich nichts. Nur das Tor ist jetzt von innen genauso verschlossen wie vorher von außen. Keine Klinke, kein Riegel ändert etwas. Wir sind gefangen. Wir können nicht einmal gehen, wann wir wollen. Wo sind wir hier?

Als ich den Drehgriff der Bürotür finde, stehe ich auf einmal in einem herrschaftlichen Wohnzimmer, wo mich der Köter hinter der Glasscheibe anfällt, und das Männlein springt vom Mittagstisch auf, die Serviette im Kragen, und bittet noch um nur fünf Minuten. Nix da, ich baue beharrlich und mit letzter Kraft meinen Satz zusammen: *Nous ne voulons plus visiter.* Wir wollen nicht mehr besichtigen. Ich sage es nachdrücklich und rechne mit Widerstand, der lässt uns nicht mehr weg, denke ich. Aber er versteht schnell. Hat sein verspätetes Mahl also doch die unduldsamen Ausländer vergrault? Können die einen Mann nicht zu

Ende essen lassen? Mir egal, was er denkt. *Bien*, na schön, kann man nichts machen.

Er drückt auf einen Knopf, und das Tor ist auf.

Wir sind frei! Schnellen Schrittes queren wir den Vorhof und finden uns vor dem Café wieder, wo der Ober gerade die Tische zusammenrückt und die Schirme zuklappt. Dass nach uns noch andere Besucher im Tor verschwinden, beruhigt uns nicht. Ich setze mich auf einen Prellstein und rauche erst mal eine Zigarette. Eine Junge kommt vorbei mit einem Bogart-Hütchen auf, sein Hund tollt hinter ihm her, und weil er so tollt, muss er noch jung sein. Drei Monate, sagt der Junge und verschwindet in der Tiefe der Gasse.

Eine Weile noch hänge ich meinen Gedanken nach. Es ist heiß. Die Hitze gebiert Gespenster, denke ich. Was wohnt an Orten, dass einen in der Mittagshitze in einem Weiler im Languedoc plötzlich Gesichte heimsuchen? Und erst, wie ich so fünf Minten starre, entdecke ich, dass der Fleck auf dem Asphalt ein plattgefahrener Vogel ist, aus dessen totem Auge Ameisen krabbeln.

Radaubrüder

Fauler Nachmittag im Garten. Um die dreißig Grad, eine Brise fächert das Laub. Liegestuhl, Aschenbecher, Lektüre. Im Hintergrund und manchmal deutlich, wenn es mir auffällt, das Schrillen der Zikaden. Um es

Gesang zu nennen, braucht man viel Romantik. Es ist, wenn man ehrlich ist, ein Radau, den die kleinen gepanzerten Racker in den Bäumen veranstalten. Er wäre unerträglich, wenn er nicht zur Landschaft und zum Midi gehören würde. Wenn er nicht so unvergleichlich die Stimme der Mittelmeerregion wäre.

Ich stehe auf und beginne, durch den Garten zu streifen. Ich will eine von ihnen sehen. Ihr Schrillen hängt über den Bäumen und Büschen, aber wo sie sitzen, entgeht mir.

Im Kirschbaum höre ich eine deutlich. Diesmal hab ich dich, denke ich. Klar, dass sie, sobald ich mich nähere, schlagartig aufhört. Klar auch, dass sie getarnt ist, aber ich versuche mein Glück. Spähe umher, schaue unter jeden Zweig, weiß ja nicht, wo sie am liebsten sitzen und welche Zweigdicke sie noch trägt.

Nichts.

Sie sind unsichtbar. Die Musik spielt nun woanders.

Die Kirschen sind weich und fest, warm und voller Sonne, schmecken streng und süß. In Japan, denke ich, pirschen die Leute umher und fangen die Biester in Netzen, stecken sie in selbstgeflochtene Käfige, halten sie als Haustiere. Machen Gedichte darüber. Wie das von Bashō über die Zikaden, die den Felsen in der Mittagshitze zersägen.

Das trifft es genau. Es ist kein Zirpen und kein Singen, kein Schrillen und kein Rätschen – es ist ein Sägen. Jede von ihnen beginnt nicht zaghaft und zart, sondern setzt ein wie eine kleine emsige Maschine, kommt vielleicht zweidreimal auf Touren, dann läuft das Sägeblatt rund, und sie wirft sich mit Wucht und Wut in ihre Aufgabe: ein Loch in die Hitze zu sägen, in die Stille der Mittagslandschaft.

Jede sägt an ihrem Teil, jede mit Inbrunst und fast schon Aggressivität, alle miteinander arbeiten außer Takt, und doch ergibt das Ganze eine Summe. Keine Harmonie, aber einen Zusammenklang. Sie fallen manchmal in Gleichtakt, und dann ist es fast ein Rhythmus, ein magisches Metrum, in dem man sich wiegen könnte. Aber nur fast. Gleich darauf driften sie wieder auseinander und vereinzeln sich, und das Ganze ist ein zufälliges Getöse. Bis zum nächsten Rhythmus. Wie Kuhglocken in den Alpen. Nur monotoner, mechanischer.

Dem Laut hört man die Mechanik seiner Entstehung an, finde ich. Er klingt nach Waschbrett und Stachelbesen. Er hat etwas Bohrendes, Dauerhaftes, ja, er ist auf Ausdauer angelegt. Was er erlangen will, ist mit Sekunden melodiöser Sentenzen nicht zu bekommen. Dazu bedarf es des Stehvermögens, das der Wucht und Wut der Mittagshitze, der brennenden Sonne überm Land entspricht. Dazu bedarf es eines zornigen Lebens, eines Lebenszorns, der wild entschlossen ist sich zu holen, was er will und braucht.

Dieser Wille bohrt sich auch in mich. Er macht hart und frei, wenn Freisein bedeutet, dass man nichts mehr zu verlieren hat. Er macht widerstandsfähig. Er macht stier und ruppig.

Deshalb liebe ich den Gesang der Zikaden und wage es, ihn poetisch so zu nennen. Er ist eine Botschaft, eine Proklamation, ein Emblem für alle, die hier unten ihre Zuflucht suchen.

Ich liebe sie, die kleinen Radaubrüder, deren Werk nie vorauszuberechnen ist. Manchmal schweigen sie plötzlich, manchmal sirrt eine unbeirrt weiter, manchmal schwellen sie an zu einer akustischen Woge, die an Dschungeldickichte und Sumpfwälder denken lässt, an dürre Heiden mit Steinhütten und dem Guten Hirten oder Daphne im Lorbeerstrauch.

Spätabends sind sie manchmal noch zu hören, ein verträumtes Memento des Tages, der zergangenen Wärme, des zu sich selbst einkehrenden Lebens. Und manchmal begleiten einzelne unter ihnen, nun beinah orchestral, den lautlosen Reigen der Sterne in der Nacht.

Laguiole

Die berühmten Messer, provenzalische Schmiedekunst und hispanische Formgebung, gefällig und elegant in der Hand, mit Korkenzieher, der Biene auf dem Ressort und den im Griff eingelassenen Nägeln, die ein Kreuz bilden, damit die Landarbeiter ihre Andacht im Freien verrichten konnten, indem sie das Messer in den Boden steckten. Die Griffschale aus Wacholderholz duftet in der Hosentasche, gehärteter Kohlenstoffstahl, poliert oder satiniert, und es gibt auch teure Klingen aus Damaszenerstahl. Das alles weiß ich. Ich brauche nur noch das Messer zu kaufen.

Im Schaufenster des Tabakladens sind welche ausgestellt. Ich gehe hinein. Ein enges Gelass, vollgestopft mit Ansichtskarten, Fantasyfiguren, Tabakpackungen, Plastikschmuck für Kinder und in Glasvitrinen die Messer. Der Händler beginnt zu erklären, ich verstehe ihn besser als sonst, weil ich weiß, wovon er spricht. Man soll die Klinge beim Zusammenklappen nicht schnappen lassen, leise Feder wird lange leben, heißt es. Wenn man ein Laguiole geschenkt bekommt, muss man etwas zurückschenken, damit es bei einem bleibt. Die Griffschalen sind aus Olive, Rosenholz, Horn oder eben aus *génevrier*, Wacholder. Ich schnuppere daran. Tatsächlich: Es riecht. Es wird noch nach Jahren riechen.

Ich bewundere die geschwungene Form, die eckige Kerbe, in die sich der Korkenzieher schmiegt, *le tire-bouchon*, ich überlege, welche Klingenqualität ich nehmen soll. Der Damaststahl schillert in ornamentalen Mustern, aber hundertfünfzig Euro sind mir zu viel. Kohlenstoffstahl ist günstiger. Auch die Herkunft macht den Preis, die billigen mit dem bloßen Schriftzug „Laguiole", der nicht geschützt ist, stammen oft aus China oder Pakistan. Der Händler hat sie erst gar nicht. Aber auch ein Messer aus der renommierten Manufaktur in Laguiole, zwischen Mende und Aurillac in den Cevennen, kostet mehr, als ich ausgeben wollte.

Während ich überlege, bedient er zwei kleine Mädchen, die Abziehbilder kaufen. Noch ein Tabakkunde, dann hat er wieder Zeit für mich. Er gerät jetzt ins Anekdotische, erzählt und erzählt, ich verstehe immer weniger, mir brummt der Kopf. Eigentlich will ich nur noch mein Laguiole und raus aus dem Laden.

Ich entscheide mich doch für den Stierkopf der Schmiede aus Laguiole en Aubrac und eine Zwölfzentimeterklinge aus Karbonstahl, poliert. Als ich den Laden verlasse, trage ich es angenehm schwer im Hosensack.

Jetzt kann auch mir das Messer in der Tasche aufgehen, sage ich zu Lena.

Sie lacht. Das ist ein alter Spruch zwischen uns.

Freust dich?, fragt sie.

Eine überflüssige Frage. Sie stellt sie nur, weil sie sich mitfreuen will.

Pétanque

Ein Dorf auf seinem Hügel. Menschenleere Gassen. Was tun die Leute am Tag? Auf dem Weg zum Auto kommen wir gleich neben dem Touristenbüro an einem Parkplatz mit Sandboden vorbei. Merkwürdig lange Felder sind abgeteilt, und die Zufahrt ist strengstens verboten. Bis uns klar wird, dass dies der hiesige Bouleplatz ist. Das Geviert gleißt in der Sonne, die kleinwüchsigen Bäume geben kaum Schatten. Nur am äußersten Rand, unter einem großen Maulbeerbaum, haben sich ein paar alte Männer versammelt und lassen die Metallkugeln klacken.

Das interessiert mich. Außerdem ist mir heiß und ich könnte eine Pause im Schatten vertragen. Außerdem möchte ich in diesem leeren, hitzeverbrannten Dorf ein wenig Muße haben. Wir setzen uns auf die Steinquader am Rand des Platzes, eine Art Sperrsitz für Publikum, und schauen eine Weile zu.

Unter den Männern sind zwei im mittleren Alter, die älteren tragen trotz der Hitze lange Hosen, Hüte, Bärte, keiner schwitzt, sie bewegen sich bedächtig und ohne große Leidenschaft. Einer wirft das Schweinchen, die kleine Kugel, über den holprigen Staubgrund, sie bleibt liegen, dann wird geworfen. Die Füße zusammen, man spielt Pétanque. Kommentare, Urteile, Schätzungen. Manche werfen ihre Kugeln einzeln, abwechselnd mit anderen, manche werfen dreimal hintereinander, einer wartet bis zum Schluss, räumt dann mit weiten Schwüngen, hohen Bögen und einem satten Klacken die Kugeln ab und gewinnt.

Von Sieg oder Niederlage wird kein Aufhebens gemacht. Diskussionen über Abstände zwischen Kugeln gibt es nicht, geschweige denn werden Maßbänder gezückt. Es scheint um nichts zu gehen. Reiner Zeitvertreib. Den Mittag, die *sieste* herumbringen, ohne schlafen zu gehen. Jeder sammelt seine Kugeln ein, manche haben dazu einen Magneten an einer Schnur, mit der sie die Kugeln ankleben und in ihre Hände bugsieren. Klug, denke ich. Mit Siebzig bückt man sich nicht mehr gerne in den Staub. Wieder wird das Schweinchen geworfen, diesmal in die andere Richtung, das Feld hinauf, und los geht's.

Mit exakter Berechnung geht es hier nicht zu, viel Gefühl im ausgestreckten Arm, den sie, die Kugel in der Hand nach unten zeigend, schwingen, viel Glück auf dem holprigen Boden, aber Erfahrung scheint sich durchzusetzen. Auf Klappstühlen sitzen zwei, die nur zugucken. So verbringen sie also den Mittag im Dorf. Den Lebensabend. Dorfgemeinschaft, das Spiel als soziales Ritual.

Bald wird es uns langweilig, ich kann nicht verstehen, wie man das stundenlang spielen kann, immer das Selbe, einmal das Feld rauf, einmal runter. Ich würde bei dieser Hitze, in diesem verschlafenen Nest, lieber an einem Brunnen sitzen und der Muse lauschen, die mit schrillenden Zikaden und tiefblauem Himmel die Schriftsteller küsst. Sitzen, dösen, Notizen machen, bis es kühler wird und der Abend naht.

Wir stehen auf und gehen. Das Klacken der Kugeln begleitet uns noch bis zum Auto.

Heimatkunde

Die Buchhandlung ist die einzige in Anduze. Immer wieder zieht es mich hinein, obwohl ich nur französische Bücher finden werde. Aber wer weiß? Schließlich entdecke ich einen Wühltisch mit Regionalliteratur, die Reihe eines Verlages in Nîmes, alle gleich gestaltet mit weißem Umschlag und fotokopiertem Satz. Ich schaue eines nach dem anderen durch und erkenne, dass ich einen Schatz gefunden habe.

Da gibt es ein Verzeichnis der languedokischen Ortsnamen, eine Abhandlung über die Geschichte des

Katharertums, ein Rezeptbuch über die Küche der Cevennen, eine Vorstellung der Gutshäuser von Nîmes, ein Buch über den Camisardenkrieg im siebzehnten Jahrhundert, eines mit dem Titel „Die Kirche im Mittelalter", ein Wörterbuch des Cevenolischen und des Patois, eine Biografie über den Heiligen Johannes im Midi und vieles mehr.

Alles auf Französisch, klar. Ich nehme mir vor, sie zuhause zu lesen mit dem Wörterbuch griffbereit, ahne jedoch, dass ich den Aufwand scheuen werde. Aber diese Bücher sind Wissensschätze, noch dazu in Deutschland schwer zu bekommen. Die muss man horten. Falls ich einmal einen Roman über Südfrankreich schriebe, hätte ich Recherchematerial.

Ich wähle das Ortsnamenverzeichnis und das Wörterbuch aus und gehe zum Tresen. Dort wartet der Buchhändler schon. Er hat mich beobachtet. Vielleicht freut es ihn, dass ein Tourist sich für seine Heimat interessiert.

Das Cevenolische interessiert mich tatsächlich. Ich will das Land um mich her verstehen. Anduze gilt als das Tor zu den Cevennen, das Cevenolische findet sich auf den Speisekarten und in den Spezialitätenläden wieder, als Kaninchen, Steinpilze und Maronenkrem, als grobe Würstchen und Gebirgshonig.

Auf dem Tresen liegt ein Buch aus, das mir noch nicht aufgefallen ist. Ein deutsches Buch. Ich staune. Ich blättere darin und werde neugierig. Stevenson, der Autor der „Schatzinsel", hat im neunzehnten Jahrhundert eine Eselsreise durch die Cevennen gemacht. Davon hatte ich keine Ahnung. Er kam dabei durch Florac, war auf dem Mont Lozère und hatte seine Endstation in St-Jean-du-Gard.

Das muss ich haben, denke ich. Der Verleger sitzt in Bergisch-Gladbach, und ich frage mich, wie er dazu kommt, eine französische Reihe über die Cevennen herauszugeben, mehr noch, wie der Buchhändler dazu kommt, ein deutsches Buch ins Sortiment zu nehmen.

An der Kasse frage ich ihn.

Ein deutsches Buch für deutsche Urlauber, sagt er kurzangebunden und erzählt dann von dem deutschen Verlag.

Da er aber keinerlei holländische oder belgische Literatur für die vielen holländischen und belgischen Urlauber in Anduze anbietet, leuchtet mir die Antwort nicht recht ein. Jedenfalls freue ich mich auf die Lektüre.

Er fragt mich nicht: *Vous vous intéressez aux Cévennes? Vous vous intéressez à la région? Vous aimez le Midi?* Schade. Ich hätte ihm gern geantwortet. Hätte gefragt, was er darüber alles weiß. Buchhändler haben ja viel gelesen. Vielleicht ist er ein verkappter Heimatkundler, ein Lokalhistoriker und Kenner des Cevenolischen. Aber dazu müsste ich mit ihm auf Englisch reden können, und darauf lässt er sich, außer mit ein paar Brocken, nicht ein.

Selbst in Frankreich findest du noch Bücher!, stöhnt Lena, als ich aus dem Laden in die Hitze hinaustrete.

Schau mal, sage ich und zeige meine Schätze.

Und das willst du lesen?

In aller Ruhe zuhause, sage ich. Und nächstes Jahr kann ich dir dann davon erzählen.

Na, sagt sie, mit ihrem gewohnten liebgemeinten Spott: Dann halt dich mal ran!

Im Restaurant

Müde vom Ausflug. Zurück im heimatlichen Anduze. Noch eine Kleinigkeit essen gehen, bevor wir ins Haus zurückkehren. Die Restaurants sind belebt, am Parkplatz hängt eine Gruppe Halbstarker herum.

Vor dem Rathaus, unter dem Schriftzug *Hotel de Ville* über dem Portal und den drei geflaggten Fahnen Europas, Frankreichs und der Region, sitzen auf den Bänken einige Alte und schauen dem Treiben zu. Der evangelische Tempel daneben lädt zum Gottesdienst am Sonntag und mahnt mit einem Plakat zum Protest gegen die Folter in Sri Lanka.

Wir überqueren die Straße und finden in einem der Restaurants einen Zweiertisch. Ohne darauf zu warten, angewiesen zu werden, setzen wir uns. Der junge Kellner mit Spitzbärtchen beeilt sich, die Papierunterlage zu wechseln und neu einzudecken. Ich packe meinen messingnen Reiseaschenbecher aus und drehe mir eine Zigarette. Um uns herum wimmelt es. Unter den Touristen sind die meisten Holländer und Belgier. Tellerklappern, Besteckklirren, Stimmengewirr. Lena bestellt einen Salat, ich einen Kaffee. Auf einmal duftet es stark nach Parfüm, und darein mischt sich der

Geruch von gegrilltem Fisch. Eine Mélange, die mich aufreizt, die meinen Appetit weckt. Ein Duft, der sofort Bilder weckt.

Ja, so soll es sein, denke ich. Abends essen gehen und der Lebensfreude frönen. Gegrillter Fisch oder Garnelen oder meinethalben Tintenfisch. Das Meer ist nicht weit. Die Berge auch nicht.

Ich entdecke einen Mann in Hemd und langer Hose, einen Strohhut auf dem Kopf, der genüsslich sein Fleisch schneidet, die Gabelbissen gemächlich in den Mund schiebt, gründlich kaut. Er greift nach dem Weinglas, nimmt einen Schluck. Ein Gourmet. Ein Lebenskünstler. Ein ganz normaler Franzose. Er verzieht keine Miene, ist mit anderem beschäftigt und ist sich doch jeden Bissens bewusst. Seine Frau gegenüber mit braungebrannten Schultern und Armen trägt ein dünnes Mousselinekleid und darunter einen türkisfarbenen BH, an den Füßen lila Lacksandalen. Von ihr her kommt der Parfümduft. Sie reden ein paar Worte, die im Getümmel untergehen.

Ja, sage ich zu Lena. Jetzt habe ich doch Lust, einmal mit dir abends essen zu gehen.

Ach, sagt Lena. Auf einmal?

Ja, fahre ich fort, und ich will Fisch essen, ich will zufrieden und friedlich dasitzen und mein Essen verzehren und einen Schluck Rotwein nehmen, die Flasche kommt im Eisbeutel, und so will ich den Abend begehen, den cevenolischen Abend, den Mittelmeer-Abend, den geheimnisvollen, geruhsamen, raunenden Abend im Midi, die Haut noch aufgeheizt von der

Sonne, Salz auf den Lippen vielleicht und Piment im Mundwinkel, und später mit dem Boot hinausfahren, die Lichter des Hafens spiegeln sich, und weit draußen werden meine Augen die Farbe des Meeres haben. Ich will alles sehen, will alles erleben und will doch nichts als schlendern und beobachten und mitten drin sein. Ja, Lena, das sagt mir dieser Duft vom Nebentisch, riechst du ihn, die Mischung aus Parfüm und gegrilltem Fisch?

Ja, Lena, ich will leben.

Ich will es lernen.

Denkst du, ich kann das?

Aber ich habe gar nicht den Mund aufgemacht. Ich schnuppere, nehme einen Zug von meiner Zigarette und trinke meinen Kaffee leer.

Hilfst du mir mit dem Salat?, fragt Lena. Ich schaff es nicht.

Die Stunde des Trobadors

Wir sitzen draußen auf der Terrasse. Die Sonne ist schon unter, Schatten liegt über dem Garten. Der Berghang gegenüber hat noch Licht. Eine Wolkenbank lagert am Abendhimmel, oben rosa leuchtend, unten rauchgrau. Wenn die Zikaden schweigen, kommt die Stille. Ringeltauben rufen einander in den Bäumen, die Schwalben jagen lautlos ums Haus. Die alten Olivenbäume stehen Spalier wie Stelzvögel, spreizen ihr silbergrünes Gefieder. Im Nachbarhaus steht ein Fenster offen, Fernsehstimmen dringen heraus; weil ich die Sprache nicht verstehe, ist es bloß die beruhigende Kunde, dass die Welt in Ordnung ist.

Wir sitzen und unterhalten uns über den Tag. Wie die Kellnerin den Fünfzig-Euro-Schein für Trinkgeld gehalten hat. Wie wir durch die leeren Gässchen geschlendert sind, weil montags die meisten Geschäfte geschlossen haben. Wie schön das Laguiole mit dem Wacholderholzgriff war. Das Mittagsmenü, das wir im Restaurant aßen: Salat mit gebackenem Ziegenkäse, Rinderfilet und Schweinelendchen, Steinpilzsoße, jeder ein Schälchen Ratatouille und Kartoffelspalten, der Seifengeschmack der Lavendeleiskrem.

Ich rauche den französischen Tabak, er riecht würzig und wohltuend im Abendwind. Lena schneidet ihre Fingernägel, ich denke daran, wie selbstverständlich ich das Hiersein empfinde. Eigentlich ist es eine ungeheuerliche Sache, hier zu sein, in Südfrankreich, im Languedoc, aber eigentlich gehört es sich so. So will ich leben, denke ich. Keine Pläne, keine Uhr, nur den Rhythmus der Seele. Horchen, was im Inneren geschieht. Horchen, was draußen geschieht. Beides in Einklang bringen.

Als die Sonne versunken und der Berghang erloschen ist, gehen wir ins Haus. Es gibt ein frugales Nachtmahl mit Brot und Salami und dem Burgunder, den wir gekauft haben. Lena schreibt eine Liste mit Vokabeln, damit wir beim nächsten Essen Bescheid wissen. Was heißt Ei? Was heißt Öl? *Huile*, sage ich. Und Erbsen? Da muss sie nachschauen.

Wir sitzen bei Deckenbeleuchtung am Stubentisch. Draußen dämmert es, der Scherenschnitt der Berge hebt sich schwarz gegen den Himmel ab. Draußen beginnt die blaue Stunde, weiß ich. Der Upupea ruft, ganz nah. Ein trauriger, sirenenhafter Ruf, weit in der Ferne ergeht Antwort.

Er ruft mich, denke ich. Ich sollte hinausgehen und durch den Garten streifen. Mich in die Büsche schlagen und vom Blau verschlucken lassen. Zergehen im Dämmer, versinken in der Zwischenwelt, die ihr Tor öffnet nur zu dieser Stunde. Dreimal, viermal ruft der Vogel.

Was sitze ich hier am Stubentisch und erstelle Vokabellisten? Warum gehe ich nicht hinaus? Warum folge ich dem Ruf nicht? Wie oft wird er ergehen? Was verpasse ich? Das Rätsel der Welt, mein Leben, die Glückseligkeit? Unter den Olivenbäumen wird der Trobador hervortreten und mir sein Lied singen, eine alte okzitanische Weise, leiser Lautenschlag im Dunkel, und dann wird er mich mitnehmen ins Land der Erlösung, wo an smaragdenen Küsten goldene Zitadellen träumen und purpurne Delfine in den perlmuttenen Fluten ziehen.

Lena fragt und schreibt. Der Ruf verhallt, es wird finster draußen. Die Stunde geht, *die blaue, dunkelblaue Stunde*, denke ich mit Gottfried Benn, *und wenn sie geht, weiß keiner, ob sie war.*

Lena wird müde und räumt das Schreibzeug zusammen. Sie gähnt. Schreib nicht so lang, sagt sie. Ich frage mich nicht, ob ich eine einmalige Gelegenheit versäumt habe. Ich denke an den Trobador und seine Schwermut, an den Wellenschlag an fernen Küsten, an das Versinken der Dinge in ihrem tiefen Selbstsein. Ich weiß, dass es manchmal ganz gut ist, am Stubentisch sitzenzubleiben und Vokabeln nachzuschlagen.

Man muss nicht allen Rufen folgen. Manche führen in Abgründe, die bodenlos sind. Manche sind zu groß für unsere kleine Seele.

Ich bringe Wein und Brot in die Küche und setze mich an den Rechner. Vielleicht muss man nicht folgen. Vielleicht reicht es, davon zu erzählen.

Nachts

Ich kann nicht schlafen. Vor dem Schlafzimmerfenster quiekt ein Vogel oder schnarrt eine Kröte, weiß der Himmel was. Um halb fünf gebe ich auf und steige aus dem zerwühlten Bett, leise, um Lena nicht zu wecken..

Im Haus sitzt noch die Wärme vom Tag. Es kühlt nicht ab. Im Badezimmer dusche ich mir den Staub und Schweiß vom Leib, seife mich mit Olivenseife ein. Das erfrischt. Nackt laufe ich durchs Haus und hole mir etwas zu trinken aus dem Kühlschrank. Ich ziehe frische Kleider an, nehme Zigaretten und Tabak und setze mich draußen auf die Terrasse.

Es ist schwül, die Kleider, die Haut, die Hände kleben. Die Sonne ist noch nicht auf, aber der Himmel hat sich bezogen. Eine Weile sitze ich und rauche, dann höre ich den Wiedehopf über den Bäumen rufen, einsilbig, schwermütig, niemand antwortet ihm. Die Zikaden schlafen noch, wie es scheint. Manchmal fährt unten auf der Landstraße ein Auto. Sonst ist es still.

Ich lausche den Bildern des Tages nach. Den Geschichten, die sie heraufklingen lassen, den Träumen, die sie mit sich bringen. Vielleicht ist es das, was mich nicht schlafen lässt.

Ich breche den neuen Tabak an, Blume des Landes mal wieder, das Siegel löst sich ruckartig, es duftet würzig und scharf und ein wenig minzig heraus. Ich drehe im Dunkeln eine Zigarette, ich könnte es blind, das Feuerzeugflämmchen ein kurzer Lichtstoß, dann der Rauch, der in der Nacht verschwindet.

Ich will leben, habe ich gesagt. Es gibt viele Sagen und Legenden, die dieses Land in mir heraufbeschwört, ganz persönliche, aus meiner eigenen Fabelwelt. In einer Hafenkneipe in Marseille gegrillten Fisch essen, ein Glas Rotwein, oder zu den Nordafrikanern gehen in die Bar, wo es nach Bratfett und Zigaretten riecht. Alles will nur eines sagen: Ich will leben.

Es ist alles Geschenk, habe ich geschrieben. Da meinte ich es kindlich-demütig: jede Freude war Überfluss. Heute bin ich gieriger. Ich will mehr. Da ist mehr zu holen aus diesem dürftigen Leben als bisher. Das hat nichts mit Diesseitigkeit zu tun, sondern mit dem inneren Frieden. Mit der Lust. Dieselbe Lust, mit der sich Sonnenblumen zur Sonne drehen und Wurzeln das Wasser aufsaugen. Es hat zu tun mit dem Einklang. Keinem asketisch-buddhistischen, sondern einer Harmonie des Hungers.

Das hier ist nicht das Paradies, und nicht alles bereitet Freude. Aber ich spüre einen Strang tief unten, der das Nass des Lebens heraufholt, ich wittere diese Wurzel, ich kann sie manchmal am Werk sehen, in mir, in anderen, und ich spüre und schmecke und rieche das, womit sie sich füllt: das andere Leben.

Heute will ich dieses Mehr. Ich ringe darum wie Jakob am Jabbok, kämpfe mit dem dunklen Mann, bis die Morgenröte anbricht, und lasse ihn nicht, er segne mich denn. Er gieße seinen vollen Segen über mir aus. Und dieser Segen ist der Pulsschlag, das Mark, die Kraft des erfüllten Lebens.

Vier Zigaretten rauche ich. Die Limonadendose ist leer. Es ist immer noch schwül, keine Sterne.

Ich bin hier, sage ich mir. An der Quelle. Ich brauche bloß zuzugreifen, und doch entzieht sich das Geheimnis wie das torlose Tor des Zen. Eine Wand, die mich aussperrt, ein Schleier, der sich um mich webt, ein Hindernis, das den Zugang versperrt. Ich renne mir den Kopf daran ein.

Eigentlich wäre es ganz einfach, aber das Einfache ist das Unbegreiflichste. Das Hindernis ist in mir, ich weiß. Aber wenigstens hier unten, wenn ich hier bin und diese harmlosen, unvorstellbaren Tage lebe, liegt alles bereit. Dann liegt es nur noch an mir. Und für Augenblicke, so wie jetzt, heute Nacht, wenn alles plötzlich wie eine Botschaft spricht und alles wartet, für kurze Momente, hebe ich die Hand und greife zu.

Und dann ist es eine Flut, die mich überschwemmt, und ich könnte heulen vor Glück, weil ich endlich da bin, wohin ich gehöre.

Ausflugmorgen

Ich wache auf. Das Fenster steht noch offen von der Nacht. Es ist kühl im Zimmer, draußen wird es hell. Sechs Uhr. Vögel zwitschern. Die Träume der Nacht fallen rasch ab, als ich aufstehe, meine Brille vom Nachttisch nehme und in die Schlappen schlüpfe. Ich gehe durch den Flur. Die dünnen Türen mit den leichten Klinken, deren Federn leise quietschen. In der Toilette duftet die Himbeerseife, die ich gekauft habe. Beim Pinkeln schaue ich mir die Vögel an, die auf der Tafel an der Wand abgebildet sind. Den lustigen Wiedehopf, die Ringeltaube, den Gartenrotschwanz, den Buchfink.

Lena schläft noch, ich will sie nicht wecken und drücke die Spülung nur halb.

In der Küche fülle ich den Becher mit Wasser und gieße es in den Wasserkocher. Espressopulver, zwei Löffel, zwei Würfelzucker. Ich gieße auf und Milch hinein. Im Wohnzimmer öffne ich das Fenster. Ich nehme mein Rauchzeug und den Kaffeebecher und schließe die Haustür auf. Der zusätzliche Riegel, der im Uhrzeigersinn zu öffnen ist.

Draußen Kühle. Der Garten noch beschattet, die Sonne steht hinter dem Hügel. Ein paar bauschige

Wolkenfelder, die sich bald auflösen. Ich gehe barfuß: der warme Beton, das kühle Gras, Steinchen an der Fußsohle. Als die Sonne hervorkommt, fallen Lichtbahnen durch den Garten. Die Morgenfrische mischt sich mit Sonnenglut.

Ich setze mich in den Liegestuhl, trinke meinen Kaffee, rauche. Der Pirol lässt sich hören, weit entfernt, am Berghang, das Schrillen der Zikaden, aber im Garten schweigen sie noch. In der Robinie, unter der ich sitze, singt verschlafen die Nachtigall.

Ein neuer Tag. Ich denke wenig und manchmal zuviel. Loslassen, denke ich. Im Augenblick leben. Aber der Mensch braucht Hoffnung und Rückblick, er muss eine Vorstellung haben, woher er kommt und wohin er geht. Ich zumindest. Die Tage hier werden eine Vergangenheit bekommen, das weiß ich, die Zeitlosigkeit wird schwinden. Da ist die Ankunft, bei der wieder alles neu ist. Der erste Besuch im Städtchen, der erste Ausflug. Da liegt noch alles offen und frei vor uns. Dann das Einleben im Fremden, das Finden des Tritts. Das Genießen. Und bald kommt die Nachlese.

Man könnte unvorsichtigerweise die Tage zählen. Aber das will ich nicht. Ich will auch nicht loslassen. Das ist so ein Credo geworden in unserer Zeit, ein zen-buddhistisches: Zeitlos im Augenblick. Nur erleben, nichts festhalten. Nichts aufschreiben, nichts daraus machen. Die Dinge lassen, wie sie sind. Das kann ich mir nicht leisten. Ich bin Schriftsteller, deshalb oder weil. Zuhause lebe ich ein Leben im Dickicht und, wie es im Club der toten Dichter heißt, in stiller Verzweiflung. Da brauche ich Bilder, Erinnerungen, Dinge, die Halt geben.

Ich sollte anders leben, ich weiß, und irgendwann muss man ja mit dem Lernen und Einüben anfangen. Aber mich ganz im Moment zu verlieren, alles kommen und gehen zu lassen, ein Blatt im Wind, ein taoistischer Heiliger – das kann ich nicht. Ich kann nur hoffen auf einen Gott, der mich einmal anders macht, zu einem Leben befähigt unbeschwert und ohne Widerstreit.

Nach dem Kaffee lese ich in Stevensons Reise mit dem Esel durch die Cevennen. Köstlich, wie er seine Eselin beschreibt, man mag sie, diese Modestine, und köstlich die Selbstironie. Wenn ich ein Kapitel gelesen habe, lege ich das Buch weg und drehe mir eine Zigarette. Beim Rauchen denke ich über das Gelesene nach.

Plötzlich bekomme ich Lust auf einen Ausflug. Irgendwohin fahren, Andenken kaufen, in einem Café sitzen, essen gehen. Lust auf Franzosen und Französisch, auf das Fahren im Auto mit dem Fahrtwind in den Fenstern, auf die Bambuserei oder die Gassen von Uzès oder den Pont du Gard. Der Tag ist offen, wir können alles tun.

Später bekomme ich Hunger, esse zwei Joghurt und ein Croissant und trinke ein Glas Orangina dazu.

So, sitzt du schon im Garten, sagt jemand. Lena steht verschlafen im Fenster.

Guten Morgen, sage ich fröhlich. Ich freue mich immer, wenn ich sie sehe.

102

Bin noch nicht wach, sagt sie muffelig.

Sie hat unruhig geschlafen und ist lange wachgelegen.

Ich brauch noch ein Weilchen, sagt sie.

In Ordnung.

Drinnen schreibe ich. Die Tür zum Wohnzimmer geht auf, Lena steht da, deutlich wacher, verzagt und unternehmungslustig. Sie hat eine Lösung gefunden, um in den Tag zu kommen.

Ich gehe zum Teich, sagt sie, mich ein bisschen erfrischen.

Mach das.

Du bist versorgt?

Klar.

Ich werde noch ein wenig lesen draußen. Die Sonne wird höher steigen, inzwischen haben auch die Zikaden in unserem Garten das Sägen angefangen. Lena wird zurückkommen und frühstücken, allmählich werden wir uns bereit machen: den Rucksack, die Kamera, Geldbörse, Schlüssel, Sonnenmilch, ich werde vorausgehen und das Auto lüften, das in der Sonne stehen wird, sie wird die Haustür abschließen und ihre Handtasche über der Schulter tragen. Dann werden wir uns ins Auto setzen und uns aufmachen zu unserem Ziel für den heutigen Tag.

Wir fahren entweder noch morgens, bevor die Hitze ihren Höhepunkt erreicht, oder nachmittags. Mittags nach zwei haben die Restaurants kein Essen mehr, bis um sieben, da müssen wir vorgesorgt haben.

Bist du bereit?, wird Lena, das Steuer in den Händen, fragen.

Ich bin immer bereit.

Dégustation

Nur allmählich tauchen die ersten Olivenhaine zwischen den Weinfeldern auf, aber eine Ölmühle finden wir erst in Nyons, am zweiten Kreisverkehr rechts.

Wir fahren in den Hinterhof einer benachbarten Brauerei und parken unter einem Feigenbaum, der hier wächst wie Unkraut. Die Tore sind noch verschlossen. Lena muss auf die Toilette. Ich auch. Durst habe ich, in der Kühltasche ist Wasser. Lena macht sich zu Fuß auf die Suche nach einer Gaststätte, während ich mich am Gebäude vorbeidrücke, im Schutz des Feigenbaums, und einen Winkel zwischen Hauswand und Maschendraht finde, wo ich pinkeln kann. Bis Lena kommt und die Ölmühle geöffnet wird, setze ich mich ins Auto.

Ein Transporter fährt vor, der Fahrer steigt aus und findet wie ich die Tür verschlossen. Der Mann stellt sich neben die Tür und raucht eine Zigarette. Es ist Mittagszeit, er raucht sie, als könnte er davon satt werden. Dann kommen ein Mann und eine junge Frau und schließen die Tür auf.

Der Laden der Ölmühle verkauft, neben dem berühmten Olivenöl, vom Lavendelduschgel bis zum Absinth fast alles. *Dégustation?*, frage ich die Verkäuferin, eine magere, vogelhafte Frau. Feinsinnig führt sie die Verkostung durch, in einem Mischmasch aus Französisch, Englisch und Deutsch, der immer nur aus Stichwörtern und Halbsätzen besteht.

Wir bekommen jeder ein weißes Plastiklöffelchen, auf das sie uns mit ruhiger Hand aus den Probeflaschen mit Ausgießern das zitronengelbe Öl ausschenkt. Sie lässt uns Nummer Eins probieren, wartet auf unser Urteil, mild, sagt Lena, ein bisschen nach Gemüse, sage ich auf Französisch, Artischocke. Stimmt. Ein sehr mildes Salatöl mit wunderbar feinem und langem Nachklang am Gaumen, aus reinen Nyons-Oliven.

Nummer zwei ist ein wenig strenger, biologisch, aber nicht von hier. Nummer drei und vier werden pfeffriger, sind eigene Mischungen aus Oliven aus ganz Europa. Nummer Fünf wieder schmeckt sehr grün und bitter, kommt nicht in Frage für uns. Aber die Nummer sechs, reinste Oliven aus der Provence, schmeckt grün und fruchtig, nach Birnen oder Aprikosen.

Wir haben unsere Wahl schnell getroffen, es sollen die Nummer Eins und Sechs sein. Im Regal finden wir die Darreichungsgrößen, vom Viertelliterfläschchen bis zum Fünfliterkanister. Sie sind nicht billig. Wo man im Supermarkt zuhause vor den original griechischen Ölen für sieben Euro zurückschreckt, legt man hier für einen Genuss der Sinne fünfzehn Euro für den Liter hin.

Wir nehmen einen Kanister und eine Flasche, probieren auch noch die aromatisierten Öle mit Basilikum und Nüssen. Das Öl von der *dégustation* schmeckt lange und mild, fruchtig und kremig auf dem Gaumen nach. Dann bezahlen wir.

Wir werden gefragt, woher wir kommen, ich erzähle, dass ich von den berühmten Nyonser Oliven gelesen habe und mich selbst überzeugen wollte, dann frage ich, ob die Ölmühle auch im Internet vertreibt. Ich weiß, das Porto nach Deutschland ist teuer, aber falls wir mal keine Gelegenheit für einen Urlaub haben werden, wäre das ein Notbehelf. Die ganze Zeit noch haben wir den Geschmack des Olivenöls im Mund, eine Verheißung und eine Zusicherung gleichermaßen, ein Versprechen, was das Leben alles zu bieten hat.

Die Santonnière

Woher ich die Werkstatt kenne? Aus dem Internet natürlich. Stundenlang nach Santons gesucht, die kleinen Heiligen der Provence, die nach dem Krippenverbot und der Schließung der Kirchen im revolutionären Frankreich zuhause aus Brotteig gemacht wurden, auf dass man seine eigenen, volksnahen Krippen habe. Heute aus Ton, vielleicht dem rostroten aus Aubagne. Handbemalt, in verschiedenen Größen. Vom Touristenbüro habe ich die Adresse, der Vater ist gestorben, nun betreibt die Tochter allein das Geschäft. Sie ist da oder nicht, wird mir gesagt, denn sie lebt allein.

Raus aus dem Städtchen und einer Landstraße folgen, die in ein Viertel namens *Les Jardins* übergeht. Mauern bis an die Straße, Einfahrten, Bambusgärten in versteckten Höfen. Wir suchen lange, hin und zurück, bis wir endlich das handgeschriebene, verwitterte Schild entdecken. Eine unscheinbare Kieseinfahrt zwischen Mauern, dann geht es an Anwesen vorbei, um die Ecke, noch ein Knick, und am Ende fahren wir auf ein Tor in der Umfriedung zu, hinter dem das Haus liegen muss.

Die Reifen knirschen im Kies. Blühender Oleander und Rhododendron. Schmiedeeiserne Balkongitter, ein Märchenhaus. Die Hexe erscheint, als wir aussteigen, bedächtigen Schrittes, und geht quer über den Hof zu einem kleinen, geduckten Anbau. Dort schließt sie eine Tür auf und erwartet uns.

Sie hat krause schwarze Haare, ein hageres Gesicht, still, andächtig, nach innen horchend. Während sie mit uns redet und uns alles zeigt, horcht sie immer noch auf jene leise Melodie, die nur sie hören kann. Oder Stimmen. Der Chor des Völkchens, das sie da in einer Vitrine stehen hat. Sie wartet die ganze Zeit, wird mir klar. Sie verbringt ihre Tage mit Warten, auf die Kunden, auf die Tonfigürchen, die aus den Gipsmodeln kommen oder frisch gebrannt aus dem Ofen. Wartet, was die einsamen Tage bringen mögen.

Sie beginnt ohne Aufforderung zu erklären, langsam und deutlich, wenn ich etwas nicht verstehe, wiederholt sie es Wort für Wort. Ist das ihre Wesenart oder die Gewöhnung an Touristenbesuche? Hinten an der

Wand in Reih und Glied die unbemalten Figuren, ein Eimer mit abgebrochenen Kleinteilen, daneben in brauner Papierpackung der Ton, schwer, batzig, ein Tisch zum Einpacken und Bemalen, unter dem Fenster aufgeschichtet die über vierhundert Model.

Sie klappt eines auf und zeigt Vorder- und Rückseite. Die hat alle mein Vater gemacht, sagt sie. Sie verwalte sein Erbe nur, sie sei keine Santonnière, denn Santonnier sei man nur, wenn man die Model schnitzen könne. Marylène heißt sie. Anfang fünfzig vielleicht. Die Mutter schon früh gestorben. Sie öffnet eine Metalltür, die in das winzige Gelass mit dem Ofen führt. Selbstgemauert vom Vater, achthundertfünfzig Grad Hitze, sie zeigt uns die Aschenberge und den Platz für die Kohle, dreitausend Stück könne sie damit auf einmal brennen. An der Tür einige Familienfotos, Marylène mit ihren Eltern, Marylène mit ihrem Vater im Hof. Vater und Tochter. Sie ist allein übriggeblieben, in einem Haus aus Schweigen.

Wir können uns vor der Vitrine nicht entscheiden. Entweder alle oder keines, denke ich, aber das geht natürlich nicht. Da gibt es den Bäcker, den Schlachter, den Müller, den Fischer, den Jäger, den Winzer, den Küfer, den Olivenhändler, den Pastetenmacher, den Lavendelpflücker, den Pistazienverkäufer, den Mann mit dem Lamm auf der Schulter, Zigeuner, Spielmann, Hirte, Trommler und Flötist, Farandoletänzer und Boulespieler, den Tambourinmann, die Dame aus Arles, die Krugträgerin, die Frau mit dem Schinken, die Aiolimacherin, die Schneckensammlerin, die Seifen-, die Gemüse-, die Knoblauch-, die Zitronenverkäuferin, die Wäscherin, den Bürgermeister, den Nachtwächter, den Büttel, den Briganten, den Vagabunden und andere Figuren aus dem Landleben der Provence. Putzig, schöne Erdfarben, einfache und doch schmuckvolle Idölchen, leicht in der Hand und doch gewichtig, der Daumen streicht über die deckenden Farben.

Neun Euro das Stück, wir wählen nach langem Schauen den Schäfer mit seinem Stab, den Krugverkäufer, die schöne Arlesiennerin, verheirat, wie man am Kopfschmuck sieht. Einen Frédéric Mistral nehme ich noch, mit seinem Spitzbart und seinem schiefen Hut. Ob sie auch den Marius habe? Indigniert, aber mit unerschöpflicher Geduld antwortet sie nur, dass ihr Vater keine modernen Figuren im Repertoire habe, sondern nur die traditionellen.

Sie wickelt die Figuren in Seidenpapier und umpackt sie dann mit Holzwolle, wickelt ein Geschenkpapier drumherum und klebt das Paket zu. Wir bezahlen und bedanken uns noch einmal herzlich. Wofür, wissen wir nicht recht. Dass sie so wunderschöne Schätze verkauft? Dass sie ein Rapunzelleben im Landhaus führt? Dass sie übriggeblieben ist und uns ihre Zeit, ihre Worte geschenkt hat?

Beschenkte sind wir, als wir gehen und unter der Tür noch ein paar Worte übers Wetter anschließen. Man habe heute ja Glück mit dem Mistral, sage ich, aber sie meint nur, versonnen und achtsam, als stammte auch dieser Spruch nicht von ihr selber: Man muss leidenschaftlich sein bei dem, was man tut, so wie die Natur leidenschaftlich ist. So viel sokratische Weisheit lässt uns verstummen, und ganz banal knirschen die Reifen wieder im Kies, als wir wenden und zum Tor hinausfahren.

Adieu, Marylène!

Place du Mistral

Wir haben gestritten, Lena und ich. Es geht um Grundsätzliches, und so ein Fass macht man nicht im Urlaub auf. Man hat nur ein paar Tage, um es wieder zuzukriegen. Ich bin laut geworden und schäme mich. Lena ist stumm geworden und besichtigt nun die Kirche, um zu sich selbst zu kommen. Die Kirche gefällt mir nicht, ein neoklassizistischer Monumentalbau, ein verunglückter griechischer Tempel, der innen der Peterskirche nachempfunden ist. Ich brauche was anderes, um zu mir selbst zu kommen.

Ich setze mich ins Café an der Durchgangsstraße von St-Rémy-en-Provence, habe zwei Meter vom Tisch in der Ecke den hupenden und dröhnenden Verkehr. Im Schatten ist es gut sein, draußen fegt der Mistral durch die Straßen, ein Großbildschirm überträgt ein Weltmeisterschaftsspiel. *Les bleus* sind ja rausgeflogen, die Begeisterung der Franzosen abgeflaut, hier kickt lustlos Chile gegen die Schweiz, ohne Ton, von dem ich sowieso nicht viel verstehen würde.

Der Kellner bringt mir augenzwinkernd meinen Kaffee. Hat er gesehen, wie Lena sich verabschiedet hat? Bietet er mir irgendeine Komplizenschaft an? Ich brauche keine außer diesem Café, dem Platz an der Straße und dem Alleinsein.

Eine Weile grüble ich vor mich hin. Am Nebentisch laufen ein braungebrannter Sonnenbrillentyp und eine aufgebrezelte Altfranzösin auf und trinken einen Espresso, unterhalten sich, eigentlich, denke ich, ist es gut, nicht so viel zu verstehen. So bleibt das alles Kulisse, und ich erfahre nichts über die Sorgen und Nöte der Leute. Ich bleibe mit meinen allein.

Ich rauche meine selbstgedrehten Zigaretten. Ich schnippe die Asche in meinem mitgebrachten Reiseaschenbecher, der Kellner bringt irgendwann einen aus Glas mit Pastiswerbung. Stilecht, denke ich. Überhaupt alles stilecht. Der Parkplatz, der in der Sonne brät. Der Wind, der die Tischdecken beutelt wie verlorene Standarten. Das französische Oratorium um mich her. Die Kirche mit ihrem sakralen Zuspruch, in der Lena jetzt ihren dunklen Wegen nachforscht. Das Städtchen am Rand der Alpillen. Der Boulevard Victor Hugo, den es in fast jedem Städtchen gibt. Die Platanen, die wütend rauschen, so laut, dass man manchmal sein eigenes Wort nicht versteht. Der Mistral regt auf, denke ich. Dieses Wüten und Lärmen ringsum, die unsichtbaren Attacken aus dem Nichts. Wenn das tagelang so geht, kann ich mir vorstellen, dass die Leute verrückt werden.

In einem Andenkenladen habe ich mir ein Schild gekauft, ein blaues mit weißer Schrift, das die Straßennamen imitiert. *Place du Mistral* steht darauf. Das will ich zuhause auf meinen Schreibtisch stellen, damit ich mitten im verschlafenen norddeutschen Sommer mich immer an den provenzalischen Wind erinnere, der die Gemüter aufwühlt und die Ordnungen verwirbelt, der um die Ecken und Plätze bläst und nicht vergessen lässt, dass das Leben wie ein Gewitter sein kann: voller Energie und Plötzlichkeit. *Metabolē* nannten es die Griechen: das unversehene Umschlagen aus dem Unsichtbaren. Etwas wird auf einmal zu etwas Anderem, ohne dass ein Übergang erkennbar ist. Wie die Wut, die aus der Traurigkeit hochfährt. Oder die Angst mitten im Alltagsgeplänkel. Oder der Traum, der aufblüht aus der Öde des Miteinanders.

Eine nicht gefundene Straße; ein junges Mädchen in Rüschenrock und Tuchschuhen; eine verdrießliche Miene auf einen gutgemeinten Scherz – alles kann den Umschlag auslösen. Und dann brüllt einem der Mistral ins Gesicht und treibt einen wie mit vollen Segeln weg aus der Ordnung, aus der Geborgenheit, aus dem bisherigen Leben, und man sieht an fernen Küsten plötzlich ein ganz anderes Leben, eines, das es nie geben wird, das nur als Sage am Horizont steht. Nur in solchen Augenblicken bekommt man es zu schmecken. Dann strandet man in solch einem Café, wo einem der Kellner zuzwinkert und einen Aschenbecher bringt.

Ich bestelle noch eine Cola, brauche jetzt etwas gegen den Durst. Insgeheim warte ich natürlich. Wann wird Lena aus der Kirche kommen, und vor allem wie? Hab ich's endgültig verbockt? Vergräbt sie sich in Selbstbezichtigung? Ich weiß es nicht. Der Mistral schüttelt die Platanen. Am Nebentisch stehen zwei leere Espressotassen. Die Mannschaft von Chile führt mit einem Tor. Diesen Platz hier, im Café im Städtchen am Fuß der Alpillen, werde ich nicht vergessen.

Ich war noch nie in Griechenland

Geriffelte Säulen im azurblauen Himmel mit Friesen und Kapitellen, antike Ruinen zwischen Oliven und Lorbeer, sage ich zu Lena: Das habe ich noch nie gesehen. Höchstens die *villa rustica* bei Hechingen, aber das ist ja restauriert. Ich schon, sagt Lena. Ich war in Griechenland, damals mit Maria. Und? War es wie hier? Natürlich, sagt sie. Allez, on y va!, sagt sie, und ich wundere mich, woher sie diesen Satz hat.

Am Ortsausgang, wo die Straße in die Alpillen hineinführt, liegen die historischen Stätten. Rechterhand *les antiques* und linkerhand das Areal der alten Stadt Glanum. Wir suchen einen Parkplatz, der nicht das Auto in der Gluthitze lässt. Mausoleum und Triumphbogen, das sagt mir wenig. Aber ein gelindes Staunen doch, hier in der provenzalischen Sommerglut römische Architektur zu finden. Das Mausoleum besteht aus einem Sockel mit Reliefs, darauf einem Tetrapylon, einem vierseitigen Torbau, und dem runden Tholos mit Kuppeldach und Säulen. Steht alles auf den Infotafeln, auch wenn sie auf Französisch sind. Bis ins Detail werden die Reliefs erklärt, aber das interessiert mich wenig.

Ich gehe umher zwischen den Monumenten und versuche, ihre Gegenwart wirken zu lassen. Der Triumphbogen stellte das Stadttor dar, unter seiner Wölbung hindurch betrat man Glanum auf der anderen Straßenseite. Übrig ist nur noch der Bogen; der obere Teil mit den Säulenkapitellen, dem Giebel und Fries und der Attika, sind vergangen. Ich nähere mich, kleines Menschenmaß, der Gigantenarchitektur, gewolltes Staubkorngefühl, besiegtes Gallien. Ich trete in den Bogen, wandle unter dem Kassettengewölbe, trete in den Schatten der Geschichte, trete wieder in die Sonne der Gegenwart, komme heraus aus dem Zeittor und weiß, dass jeder, der hier durchging, verändert worden ist. Keiner betrat Glanum, ohne gestutzt zu werden auf römisches Maß, das Maß der Imperatoren.

Glanum selbst ist eingezäunt. Vom Fußweg aus ist nur die Buschheide zu sehen mit Olivenbäumen, Wacholder, Ginster, eine mediterrane Spielwiese. Der Kiesweg führt zu einer großen Einfahrt und hinauf zu einem modernen Bau wie zu einer Schwimmhalle. Innen klimatisiert, Glasvitrinen, Sitzbänke, ein Verkaufstresen mit elektronischer Kasse, Bücher- und Kartenständern. Man versieht sich mit den notwendigen Tickets für sieben Euro und betritt das Areal wie einen Zoologischen Garten. Folgend den Rundwegpfeilen. Nur gibt es keine Fauna und Flora zu sehen, sondern Steine.

Was haust an solch einer Stätte? Die Hitze. Steine. Spuren und Meißelschläge im Fels. Eine plattengedeckte Hauptstraße mit ihrem alten Kanalisationssystem. Fundamente, Scherben, alle gesammelt. Trotzdem finde ich welche, festgetreten im Lehm des Weges. Zwei Judasbäume, die mit ihrem nierenförmigen Laub dichten Schatten werfen. Gräser, die im Wind schaukeln. Die Kalktürme der Alpilles, die das Talende einfassen. Geschichte, aber das sind zunächst nur Worte auf Tafeln. Dann Vorstellungen, Rekonstruktionen. Dann belebt mit Fremden, deren Zunge keiner verstehen würde. Dann die Aura des Gewesenen. Dann die Zeit, ihr Gebirge mit gewaltigen Schluchten und himmelhohen Gipfeln, in dem wir uns verlieren und nur dünn die Gegenwart spüren, den winzigen Punkt, an dem wir heute stehen. Vor zweitausend Jahren, müssen wir sagen. Was haust an solch einer Stätte? Das Bild der Welt, das wir uns machen.

Am Nordende des Tales reihen sich Fundamente von Wohnhäusern und Badeanlagen, man sieht Rinnen in kleinen Tunnels verschwinden und Hypokaustaum aufgebrochen wie im Puppentheater. Man sieht behauenen Stein, schwärzlich von Flechten, und könnte über die Jahrtausende mit den Fingern streichen. Eine Markthalle aus hellenistischer Zeit, ein Bürgerhaus mit Säulenhalle und Wasserbecken, ein Kultraum der Guten Göttin. Der Blick geht nach Süden das Tal hinauf über Schutt und Ruinen, nur das nachgebaute Eck des Zwillingstempels überragt malerisch zwischen Pinien das Gelände.

Es gibt viel zu lesen und zu vergleichen, was in der Hitze nicht einfach ist. Mir läuft der Schweiß unterm Hut, gerne würde ich mich auf antike Mauern setzen und eine rauchen, aber das ist auf dem ganzen Areal nicht erlaubt. Ich schaue mir alles an, weiß aber kaum, was ich sehe. Ich will nicht ständig identifizieren und auf nummerierten Skizzen nachschauen. Ob das nun das Buleuterion oder die Basilika war, ob das Forum aus augusteischer Zeit stammt oder der Brunnen erst später angelegt wurde, das interessiert mich nicht. Ich will mir klarwerden, dass ich über einen uralten Stadtgrund gehe.

Hier haben Menschen gelebt, zuerst provenzalische Kelten, dann Griechen, dann Römer. Hier wurde ein Sprachgewimmel gepflegt, Handel getrieben, gebadet, gegessen, geschissen und die Latrinen mit Quellwasser gespült. Hier wurde zu Mittag gerastet im Schatten der luftigen Säle, hier wurde Göttern geopfert und wurden Nachrichten aus dem Umland empfangen. Hier wurden Menschen geboren und beerdigt, hier lebten sie unter der Sonne des Midi, unterm Sturm des Mistrals, in der Kälte des Winters, hier wurden Oliven und Wein und Korn angebaut und geerntet, alles, alles tat man hier, was man überall und jederzeit tut: Hier wurde gelebt.

Das versuche ich mir vorzustellen. Was für ein Leben. Unter die Säulen des Tempels stelle ich mich, habe den Überblick über das Gelände und frage mich, mit welchem Stolz, mit welchem Chauvinismus, mit welcher Lässigkeit sie hier gestanden und den Überblick gehabt haben. Römische Bürger. Insassen eines Weltreichs. Wir können das heute alles nur noch glauben. Wie das Publikum eines Theaterstückes, eine Inszenierung uralter Menschheitssagen, endlose Aufführung des einen Dramas. Davon reden die Steine.

Es waren Steine des täglichen Gebrauchs. Häuserecken, um die man bog. Dächer, die nass wurden vom Regen. Säulen, an die man die Hand legte wieder und wieder, Tag für Tag. Steine zum Leben. Steine der Gewöhnung, bis man sie nicht mehr sah. Heute erscheinen sie einzigartig, jeder ein herausragender Botschafter der Vergangenheit, jeder unverrückbar in seiner historischen Bedeutung. Aber das stimmt nicht, das ist die übliche Täuschung des Historischen: Es tilgt das Zufällig-Gewöhnliche, das es war.

Besonders gefällt mir der Talkopf mit seinem Quellenheiligtum. Heilquelle, heißt es, Opferstätte in salluvischer Zeit, schiefe ausgetretene Stufen führen ums Eck hinunter zum kühlen Wasserspiegel, der Gewölbebogen spiegelt darin, Goldfische schlängeln und äsen die angesetzten Algen von den überfluteten Stufen. Das Wasser ist nicht sauber, aber klar, der Grund schimmert schmutzgolden herauf.

Ich lehne mich ans Geländer und weiß, dass dieser Ort der geheime Mittelpunkt des Tales ist. Von hier ging alles aus, ohne diese Quelle wäre kein Leben möglich gewesen, in dieser Quelle mussten einfach Götter wohnen. Die Stimmen der Touristen oben hallen dünn und klein herunter, kaum einer kommt nachschauen, sie bleiben am Herkulestempel stehen und lesen die lateinischen Inschriften, während ich hier unten geborgen bin, kühl, klandestin, im Schattenreich. Dann setze ich mich auf eine Mauer unter eine Steineiche und ruhe aus. Halte meine nassen Haare in den Wind. Versuche, den Ort auf mich wirken zu lassen. Aber die Hitze stört, die Stimmen verscheuchen die Zikadenlieder, und müde bin ich, mit staubigen Händen stütze ich mich ab auf den Steinen. Nichts berührt mich mehr, das Leben von Glanum ist weit weg, die Aura verflogen im Nachmittag. Ich denke an Olivenöl in Flaschen und Lavendelseifen und an ein mehrgängiges Menü in einem der Gassenrestaurants von Les Baux. Ich denke an Lena, die schon dort drüben sitzt in der Taverne und eine kalte Cola trinkt. Ich denke an mich, wie ich ratlos durch die Ruinen irre und die verlorene Zeit suche, den einen Augenblick, der die Geschichte der Welt zurückbringt, als sie noch nicht in milliardenfaches Leben zersplittert war. Den einen Moment, wenn ich im Herzen der Zeit ruhe und endlich weiß, was alles um mich her ist: weiß, was Leben ist.

Lena finde ich unter Bäumen im kleinen Tavernenhof. Der Wind fegt herein, hier ist nicht gut bleiben. Wir gehen zurück in die Empfangshalle und wollen die kleinen, arglosen Andenken mitnehmen, die uns zuhause so wichtig sein werden, weil auch sie die Historie, die Biografie aus der Zufälligkeit herausholen. Das haben wir in Glanum gekauft, weißt du noch?, wird es heißen.

Wir froh, etwas in der Hand zu tragen, als wir Glanum verlassen. Gerne würde ich wieder herkommen, in der Zikadenstille sitzen, den Wind im Gesicht spüren und warten, dass die Erleuchtungen zurückkommen, die Fata Morganas am Horizont der Geschichte.

Ma solitude

Ich bin allein. Mit meiner Einsamkeit bei mir bin ich nie allein, singt Moustaki. Während Lena sich das Château antut und zwischen den backofenheißen Mauern klettert, drücke ich mich in Hinterhöfen herum und suche Schatten.

Kaum Wind heute, klare Fernsicht, ausgebreitet das Olivenland ringsum mit der Alpillenkette wie grauzähnige Palisaden um das Tal von Les Baux herum. Graugrün, kargheiter. Das Flirren des Olivenlaubs. Im Osten sieht man die Berge der Hochprovence als sagenhaftes Küstenland und dahinter, eine Ahnung im Ozean des Himmels, die Alpen. Im Westen streift der Blick Nîmes und das Bauernland. Und gegen Süden und Südwesten sieht man bis Arles, im Vordergrund den Waldhügel des Montmajour mit seiner Abtei, die Mäander der Rhône als helles Band und weiter in die Camargue hinein bis zum Meer, einem schimmernden, verheißungsvollen Streifen am Horizont.

Drei Büsche Lavendel strömen in der Hitze ihr Odeur aus, süßer und duftiger als die Blüten in den berüchtigten Säckchen. Immer wieder das Geplärr der tragbaren Abspielgeräte, mit denen die Besucher passende Erläuterungen in ihrer Sprache abrufen können. Museumspädagogen veranstalten mit Kindern einen mittelalterlichen Reigentanz, die haben doch glatt schwere Gewandung an und scheinen nicht im Geringsten zu schwitzen. Ich krieg schon vom Zugucken einen Hitzschlag.

Einen Winkel hinter den ausgetretenen Pfaden finde ich, wo Bäume schatten, ich bin zu erledigt, um herauszufinden, was für welche, aber im Gras liegt schon jemand. Egal. Ich sitze und lasse mir erstmal den Schweiß trocknen. Dann entdecke ich in der tiefen Höhlung eines Tores einen Getränkeautomaten, *boissons froids*, was für ein Klang, da spürt man schon beim Lesen, wie die Kälte eisig die Haut entlangkriecht. Ein Euro fünfzig, und hinter dem Eisengitter rappelt und rumpelt es, und knall, liegt die Dose im Ausgabefach und beschlägt sofort.

Ich nehme sie mit zu meinem Winkel, setze mich ins Gras, lasse den Verschluss zischen und nehme lange, schäumende, kalte Schlucke. Jetzt geht's besser. Die Franzosen im Gras sind nette Landsleute, und die Japaner, die mit Kamera um den Hals und langärmlig aus den fernen Gefilden der Burg herkommen, grüße ich freundlich. Sogar die Eidechsen, merke ich, flüchten in den Schatten.

Stärkung

Die Restaurants hätten in den engen Gassen Les Baux' keinen Platz. Deshalb führen Eisentore und kleine Stäffelchen in die Höfe hinter den Mauern, in kleine Serails mit blühendem Oleander und Steineichen, Kiesgeknirsch unter den Schritten und Grüppchen von Tischen und Stühlen. Eine handbeschriebene Kreidetafel, drinnen im Restaurant selbst ist wenig Platz. Die Kellnerin steht in der Tür, begrüßt uns und bringt uns gleich die Karte. Wir setzen uns unter das Dach der Zweige und atmen auf.

Hitze. Schweiß auf der Stirn. Durst. Und Hunger. Dabei fällt mir immer die Phrase ein: *Nach dieser Stärkung setzten sie ihren Weg fort.* Stärkung, das klingt eher nach Turnhalle oder Fitness-Center. Stärkung ist nichts für den Leib, höchstens das physiologische Endergebnis des Kalorienumsatzes. Aber hier, in diesem kleinen Restaurant in den Gassen von Les Baux, wartet auf uns tatsächlich eine Erfrischung und Stärkung des Leibes und der Seele. Gutes Essen und eine Literflasche Mineralwasser, die vor Kühle beschlägt, das ist genau das, was wir jetzt brauchen.

Wir sitzen allein in dem Geviert. Über dem Haus steigt der Fels an und die nächste Hausmauer, vom Touristengewimmel draußen bekommen wir nichts mehr mit. Nur wir und die Kellnerin und einmal der Koch mit der Schürze, der in der Tür erscheint und eine Zigarette raucht.

Wir bekommen einen großen Teller mit Salat, Lena ein gegrilltes Lammkotelett und Frites, ich einen Crêpe mit geschmolzenem Schafskäse und Oliven, danach eine Mousse au chocolat und eine Crème brûlée, danach noch einmal eine kalte, prickelnde Orangina. Satt lehnen wir uns zurück, mittlerweile abgekühlt und entspannt. Ich drehe mir Zigaretten und rauche und betrachte die Pflanzen um uns herum, von denen manche in Kübeln stehen. Etwa der knorrige Olivenbaum drüben in der Ecke, der seine Zweige über die Mauer reckt. Sieht schon aus wie ein alter, der geerntet werden kann, und steckt doch mit all seinen Wurzeln in einem Holztrog.

Vom Essen werden wir müde. Von wegen Stärkung. Wir fühlen uns erschöpfter als zuvor, aber auch lässiger und friedlicher. Hitze und Anstrengung machen reizbar. Lena erzählt von dem Château, das sie besichtigt hat, ich zeige ihr, was ich in den Andenkenläden gefunden habe. Lese ihr ein paar Sätze aus dem Les-Baux-Führer vor. Auch einen Laden mit Santons habe ich gefunden, die mir aber weniger gefielen als die, die wir bei Marylène gekauft haben.

Einen Kaffee zum Abschluss. Gedankenhängerisch schweigen wir. Draußen schließen die Läden, der gebührenpflichtige Parkplatz leert sich von den Tagesbesuchern. Wir sitzen wohlversorgt und behütet im Innenhof und lassen die Ereignisse an uns vorbeigehen. Wir sind nicht anzutreffen, nicht aufzufinden.

Gerne würde ich hier bis zur Dämmerung bleiben, wenn die Laternen angeschaltet werden und Abendgäste kommen und Les Baux vielleicht so etwas wie ein Nachtleben entfaltet. Gern würde ich hier in einer Herberge ein kleines Zimmer nehmen mit einem französischen Bett und dem Bad auf dem Flur, wenn es so etwas in Les Baux gibt. Die Läden und die Gassen sehen so adrett und arrangiert aus, dass es schwerfällt zu glauben, hier lebten wirklich Menschen und gingen Brotberufen nach. Gut möglich, denke ich, dass abends die Bewohner ebenso das Dorf verlassen und zuhause schlafen, egal wo das ist.

Aber sie wohnen scheint's wirklich hier, bauen Fensterscheiben ein, legen elektrische Leitungen und backen Brot, gehen zum Rathaus und liefern in zerbeulten Lieferwagen Waren an. Inmitten dessen sind wir Gäste. Wir dürfen ein Weilchen zuschauen, daran teilhaben. Bis es auch für uns Zeit wird, die Heimfahrt anzutreten, über hundert Kilometer nach Westen, zurück ins Languedoc. Ein provenzalisches Mahl, fällt mir ein, hatten wir hier.

Als wir bezahlen und aufstehen, fährt uns die Schwere in die Beine. Eigentlich wollen wir nicht weg, da ist ein vernünftiger Widerstand im ganzen Leib, wir sollten bleiben und weiter ruhen, da sein und mitleben. Auch wenn es bloß ein Restaurant in einem Innenhof ist, in einem blütenreichen Serail, wo keine Sheherazaden Märchen erzählen, sondern bloß Holländer sich zum Diner einfinden. Wir steigen das Treppchen hinab in die noch sonnenwarmen Gassen und wenden uns, friedvoll, besänftigt, zum Parkplatz hin.

Doch, jetzt merke ich sie, die Stärkung. Ruhe und Frieden hat sie gebracht. Frisch und unternehmungslustig hat sie uns nicht gemacht, aber bereit für die Heimfahrt.

Gewitter

Das Wetter kommt von Osten, zieht über das Tal hin. Es wird immer dunkler, der Himmel verschwindet bis auf einen Streifen von Blau hinter dem Bergrücken. Das geht schnell.

Der Wind nimmt zu und geht in launigen Stößen. Die Zikaden schrillen bis zuletzt. Dann ist die Wolkendecke geschlossen, als verrammelte man die Eingänge eines Theatersaals, und die Aufführung kann beginnen.

Zuerst tröpfelt es auf das Vordach der Haustür. Der Wind tost in den Olivenbäumen, rauscht im Bambus, er geht durch den Garten und über das Haus hin wie eine Schlachtflotte.

Lena wird es mulmig. Ich glaube, sagt sie, jetzt könnten wir allmählich die Fenster zumachen.

Das Wetter kommt aus Osten, sage ich. Da kann es nicht hereinregnen.

Sagst *du*.

Ich liege auf dem Sofa, ein Glas Wein neben mir, und schaue mir das Fußballspiel an, das übertragen wird. Ich mag es gern, wenn es draußen dunkel wird mitten am Tag und man sich für eine Stunde zurückzieht von der Welt. Ich räkele mich behaglich und versuche, von den französischen Kommentatoren eine Erklärung für den verhängten Freistoß zu bekommen.

Lena verschwindet im Flur, und als sie zurückkommt, ist es draußen weiß vor Regen. Er trommelt auf die Dachziegel und wäscht die zerwühlten Baumwipfel. Ich stehe auf und schließe die Fenster. Das Fensterbrett ist nicht einmal feucht.

Ich hab im Schlafzimmer den Laden vorgemacht, sagt Lena.

Sie ist unruhig. Ich weiß, dass Gewitter ihr Angst machen. Sie zeigt es nur nicht.

Dann, am Fenster stehend, trifft mich überraschend eine Lichtbö, draußen ist es wie eine sekundenschnelle Überbelichtung, ich sehe den Glutfaden, wie er sich über dem Bergrücken im Dunkel kräuselt, wie er zuckt und sich windet und doch in vollkommener Gestalt am Himmel steht, ein reines Lichtbild, dass sich einbrennt.

Lena und ich schauen uns an.

Sekunden später kracht der Donner. Er knallt. Er explodiert. Dann ein lauterwerdendes Nachgrollen, als gehe draußen ein Ungeheuer um. Da ist jemand ziemlich sauer, denke ich unwillkürlich.

Auf dem Fernsehbild ist außer ein bisschen Grieseln noch nichts zu sehen. Ich weiß, ich sollte ihn ausmachen, wir sollten durchs Haus gehen und alle Stromverbindungen unterbrechen. Aber ich will das Spiel sehen.

Das Gewitter ist ja noch weit weg, sagt Lena unsicher.

Na ja, sage ich. Drei Kilometer.

Drei? Ich dachte zehn. Einen Kilometer pro Sekunde.

Der Donner braucht ungefähr drei Sekunden für einen Kilometer, sage ich. Das ist die Schallgeschwindigkeit. Bei zehn Sekunden, bis er hier war, sind das rund drei Kilometer.

So nah?

Ich zucke die Schultern. Komm her, sage ich.

Sie schlüpft zu mir aufs Sofa. Ehrlich gesagt, wird auch mir ein bisschen mulmig. Der nächste Blitz ist bedeutend näher, und der Regen trommelt wie mit Fäusten auf das Haus ein. Es ist ein Sommerhaus, die Wände sind dünn, und was hält das Dach aus?

Hier kann dir nichts passieren, sage ich zu Lena. Das Haus hat einen Blitzableiter.

Hat es?, fragt Lena spöttisch.

Ich nehme doch an, sage ich. Alle Häuser haben einen. Das wird in Frankreich genauso Vorschrift sein wie in Deutschland.

Das Rauschen des Regens ist laut wie eine Meeresbrandung. Durchs Fenster ist nichts mehr zu sehen als Gischt. Lena schaut hin, schaut gleich wieder weg. Sie steht auf und geht ruhelos durchs Zimmer.

Macht's dir was aus, wenn wir auch hier die Läden schließen?

Aber dann sitzen wir ja im Dunkeln, erwidere ich. Doch inzwischen ist es so dämmrig geworden im Haus, dass wir sowieso das Licht anschalten müssten.

Ich helfe ihr an den Fenstern, die Läden hereinzuklappen und festzuhaken. Unsere Arme werden klatschnass, ich spüre die Wucht der Regentropfen auf der Haut. Wieder leuchtet es gespenstisch, ein grelles Scheinwerferlicht, unnatürlich und unwirklich, obwohl gerade nichts wirklicher ist als die entfesselte Natur.

Wortlos gehe ich zum Fernseher und schalte ihn aus. Lena hilft mir dabei, die Stecker aus den Steckdosen zu ziehen. Dann sitzen wir in der Stube bei Lampenlicht und warten.

Gerne würde ich jetzt am Klapprechner schreiben, wenn ich schon nicht fernsehen kann. Aber der läuft ja auch mit Strom. Ich bringe Lena auf den gestrigen Tag und unsere Erlebnisse, frage sie nach dem Urlaub und ob sie sich erholen kann, ich rede über das Languedoc und Okzitanisch und tue alles, damit wir nicht stumm dahocken und das Spektakel um uns herum anhören müssen.

Im Stillen hoffe ich, dass ich die zweite Halbzeit nicht verpasse.

Dass der Regen nachlässt, erkenne ich erst, als ich zur Haustüre hinausschaue und den Garten wieder sehen kann. Die Einfahrt herein strömt ein kleiner, weißer Fluss und mündet im Abzugsgraben.

Drüben im Osten hellt es schon wieder auf, rufe ich Lena zu.

Da fährt ganz nah ein Blitz herab, ich komme nicht einmal zum Sekundenzählen, und der Knall lässt mich unwillkürlich die Haustür zuschlagen.

Meine Fresse, war der nah!

Der hat irgendwo eingeschlagen, sagt Lena.

Ich fühle mich gewarnt, sogar ein bisschen verhöhnt. Das Wetter allein bestimmt, wann Schluss ist. Und als es endlich aufhört zu regnen und aufklart und zwischen den wieder weißen Wolken der blankgewaschene Himmel hervorkommt, merke ich, dass es eine ganz andere Sache ist, so ein Gewitter überm Tal in einem kleinen Sommerhäuschen zu erleben als daheim im Mietblock.

Die Temperatur ist gefallen, das Thermometer auch. Es liegt am Boden, ist aber noch ganz. Fünfzehn Grad zeigt es, davor hatten wir dreiunddreißig.

Schon beginnen die Vögel wieder zu singen, und wenn nicht der Garten tropfenbeperlt und sattgrün vor uns liegen würde, die Ziegeldächer der Nachbarhäuser nicht glänzten, würden wir nicht glauben, dass überhaupt etwas geschehen ist.

Lena macht überall die Läden wieder auf, und ich setze mich aufs Sofa und komme gerade noch rechtzeitig zur Schlussviertelstunde.

Lena will hinaus in den Garten, um zu sehen, ob das Unwetter Schaden angerichtet hat. Sie klingt wieder ganz vergnügt, aber ich merke, dass ihr das Sommerhaus nicht mehr geheuer ist.

Nun ja, denke ich. Das gehört hier wohl zum Sommer dazu.

Wildbouquet

Es hat geregnet. Die Abendsonne ist herausgekommen, im apfelsinenfarbenen Dunst stakse ich durch die Wiese rund ums Haus und pflücke Blumen. Lena hat morgen Geburtstag, der fällt im Urlaub dürftig aus, da möchte sie wenigstens einen Strauß.

Viel gibt es auf den ersten Blick nicht zu pflücken, es wird ein struppiges, wildes Bouquet, ein Sommerbouquet mit mediterraner Note. Ich wate durch die nassen Gräser im Dampf der Feuchtigkeit und beginne mit dem gelben Hornklee und den lavendelfarbenen Skabiosen. Unter den Aprikosenbäumen gehe ich und finde weißes Labkraut und Glockenblumen. So weit nicht schwierig.

Dann spähe ich nach seltenen Farbtupfern aus, das Karmesin einer Lichtnelke, das Lippenrot des Mohns drüben unterm Olivenbaum, das Gelb eines Sternauges, mit seinen behaarten Blättern und Stielen und dem Körbchen aus goldenen Strahlblüten eine Tochter des Mittelmeers. Dann die weißen Sternchen des Katzenschweifs, und zum Abschluss, als Fassung des Bouquets, einen Olivenzweig und einen Bambuswedel.

In der Küche werde ich die Stiele und welken Blätter kappen und das Ganze zu einem mageren, aber erlesenen Strauß ordnen. Ja, er ist wild, er ist dürftig und von spröder Schönheit, aber ich bin sicher, dass er Lena gefallen wird.

Als ich ins Haus komme, ist Lena noch wach und gibt mir einen Kuss zum Dank.

Afrika

Le Mardi, das wissen wir inzwischen. Wir fahren wieder die Straße am Nordufer des Gardon entlang und parken in St-Jean-du-Gard wieder an der Durchgangsstraße. Es ist zehn Uhr morgens, wir sind früher dran als sonst, damit es noch nicht so heiß ist. Am Straßenrand duftet der Thymian stark.

In den Gassen der Altstadt herrscht halb Schatten, halb grelles Sonnenlicht. Stand reiht sich an Stand, ausgehängte Kleider, Blusen und T-Shirts, Nippes und Kram, Plastikspielzeug und Silberschmuck, Messer, Ledergürtel und Töpferwaren, die Seifen aus Marseille riecht man schon von Weitem. Lena hat sich ein helles Sommerkleid in den Kopf gesetzt, weil das bei der Hitze viel erträglicher sei. Die Frau am Honigstand redet uns mit *Monsieurdame* an, ein faltiges, mageres Weiblein mit südfranzösischem Akzent. Diese Anrede haben wir schon öfter beim Einkaufen gehört. Ich erkundige mich: *messieurdames?* Mehrzahl? Einzahl, antwortet sie barsch: ein Herr, eine Dame, und zeigt nacheinander auf uns. Wo wir zwei Fächer kaufen, spricht die Frau Deutsch, zwanzig Jahre sei es her, sie habe vieles vergessen, sie sei in Berlin gewesen, und aus Solidarität steuern wir englische und französische Brocken bei. Und an einem selbstgebauten Stand, der nur aus einem Sonnendach und einer Plexiglasauslage besteht, preist ein junger Franzose mit Sonnenbrille dreieckige Teigtaschen an, *samoussa* steht in Filzstift auf der Glasscheibe: fritiert mit Spinat, mit Gemüse, mit

Roquefort, mit Hackfleisch-Ingwer. Wir nehmen eine Tüte voll und verknuspern sie hinterher auf einer Bank unter Platanen. Eine asiatische Spezialität. Die Finger glänzen vor Fett, aber die Happen passen zur Hitze, die allmählich zunimmt. Bei jedem Griff in die Tüte sind wir gespannt, was wir schmecken werden. Jeder eins von jeder Sorte.

Die mit Käse kannst du haben, sagt Lena und verzieht das Gesicht.

Ich hab ein Hackfleisch-Ingwer, sage ich.

Och, sagt Lena neidisch. Krieg ich das? Die sind total lecker!

Danach rauche ich, Lena schaut umher. Ein Trupp Männer in orangenen Warnwesten sprengt die Sandwege mit Wasser. Wir haben heute Hochzeitstag, vierzehn Jahre sind wir verheiratet, ich gebe ihr einen langen Kuss auf die weichen Lippen, die nach Gewürzen schmecken, und schaue in ihre waldbraunen Augen. Ich bereue keinen Tag, sage ich ehrlich.

Ich auch nicht.

Wir sind die Hitze noch nicht gewohnt. Unter dem T-Shirt bin ich nassgeschwitzt. Mein Hut hält die Sonne ab, aber jeder Schritt kostet Mühe, als säße die Hitze bleischwer in den Knochen. Sie hat noch eine ungewollte Auswirkung, diese Hitze: Die ganze Zeit muss ich an Afrika denken. Die ebenholzschwarzen Afrikaner, die ihre Holzfiguren und Armbänder feilbieten, passen gut dazu. In Deutschland wirken sie oft fehl am Platz, aber hier ist die Goldküste nahe, hier erinnert man sich an die Kolonien, hier weht der Sand aus der Sahara an, und die messingnen Schnabelkannen könnten in einer Gasse in Tunis stehen, wo man Datteln verkauft.

Auch die Häuser, mit Hohlziegeldächern und blanken Mauern, die Fenster hoch und schmal wie Schießscharten, mit azurblauen oder karfunkelgrünen Läden, die schmiedeeisernen Ballustraden, die Bambusdickichte hinter den Mauern, als verstecke sich dort ein Serail mit Springbrunnen und Pfauen – das alles rückt das Morgenland näher, das alles erzählt mir von Hitze und Kargheit, von der Zeit, die hier taub und zäh fließt, von einem endlosen Mittag und einem Leben unter brennender Sonne.

Eine der Kannen gefällt mir. Könnte man Minztee daraus trinken und so tun, als säße man mit einem Emir im Wüstenzelt. Sie ist mit keinem Preis ausgezeichnet, ich drehe und wende sie, öffne den Deckel, schaue nach Gebrauchsspuren, aber der Händler, ein kakaofarbener Mann in buntem Stammesornat, schaut nicht einmal her. Sie könnte zwanzig Euro, sie könnte auch hundert kosten. Sie könnte als Billigware aus irgendwelchen Kupferschmieden in Kairo kommen, sie könnte aber auch eine Antiquität aus privater Sammlung sein. Vielleicht ist sie gar nicht mit Geld zu erwerben, denke ich und stelle sie zurück. Vielleicht muss man ein Kamelrennen gewinnen, um sie zu bekommen. Unschlüssig verlasse ich den Stand, der in der Seitengasse liegt.

Als wir später im Auto sitzen, denke ich wieder an die Kanne. Ich hätte wenigstens fragen sollen. Vielleicht würde sie ja das Wohnzimmer zuhause in einen Basar verwandeln; vielleicht setzte sie aber auch nur Staub an und wäre nichts als ein nutzloses Metallgefäß.

Sollen wir noch einmal zurückgehen?, schlägt Lena vor.

Das ist mir nun doch zuviel Aufwand. Meine Füße schmerzen in den Sandalen, und mein Ischias meldet sich wieder.

Wir können ja nächste Woche noch einmal herkommen, tröstet Lena.

Ich nicke, bin halbwegs beruhigt. Aber sie hat sich in mir festgesetzt, diese Kanne. Und mit ihr das Bild kolonialen Lebens in exotischen Ländern. Letztlich sind es ja immer Träume, die man kauft, denke ich. Träume sterben nicht, nur weil man eine Kanne nicht bekommt.

Totalgaz

Ein Telefonanruf, schreckhaftes Schrillen in unserem Ferienidyll. Lena versteht nichts und gibt den Hörer weiter. Es geht um den Laster, der den Gastank auffüllen kommt. Unser Freund hat uns gebeten, die Lieferung entgegenzunehmen. Eigentlich sollten wir am Telefon den Termin absprechen, sicherstellen, dass wir da sind. Nun kommt er einfach, mitten am Mittag, während drinnen im stickigen Wohnzimmer das Weltmeisterschaftsspiel der Deutschen läuft.

Ich verstehe nichts von dem französischen Wortschwall und verlege mich auf Notwehr. Für solche Situationen habe ich mir einen Satz zurechtgelegt, den selbst ein Franzose akzeptieren muss: Wenn Sie wollen, dass ich Sie verstehe, sage ich langsam und in einzelnen Wörtern auf Französisch, dann sprechen Sie langsam und in einzelnen Wörtern. *D'accord?* Er ist einverstanden und versucht es, hat aber das mit den einzelnen Wörtern falsch verstanden. *Gaz*, sagt er. *Maintenant. L'adresse.* Dann verfällt er wieder in seinen Wortschwall, der bei mir ankommt wie eine heiße Dusche. Immerhin verstehe ich soviel, dass er schon in der Nähe ist und die Zufahrt zu unserem Haus sucht.

Das ist hier auch nicht leicht zu finden, zwischen all den Mas, den Abzweigungen und Stichstraßen und wechselnden Wegweisern. Ich dachte eigentlich, er müsste ja schon öfter hier gewesen sein, aber sei's drum. Ich sage ihm, dass wir uns ins Auto setzen und ihm entgegenfahren, und als wir gerade dabei sind, taucht unten an der Biegung das Ungetüm auf. Es füllt mächtig die Enge zwischen den Steinmauern, eine Handbreit mag noch Platz sein, und ich kann mir beim besten Willen nicht vorstellen, wie er hier heraufstöhnen geschweige denn sich in die Einfahrt zwängen will. Wir winken, und mit Getöse setzt sich das Gefährt in Bewegung, den Berg herauf. Es gelingt ihm, keine Mauer zu streifen, nur die Zweige der Olivenbäume bringt er zum Wedeln.

In der Einfahrt zischen die Druckluftbremsen und röhrt der Motor, aber er schafft es tatsächlich, und riesig schiebt sich der Gastanklaster auf das Grundstück. Wir brauchen nichts mit ihm zu reden, sagte unser Freund, er weiß, was er tun muss. Ich setze mich wieder vor den Fernseher, wo Deutschland das erste Tor schießt. Draußen lärmt und rumort es, aber plötzlich ist es still und nur die Stimmen der französischen Kommentatoren sind zu hören.

Als ich nach draußen gehe, ist das Grundstück leer, das Ungetüm samt seinem redefreudigen Fahrer verschwunden, wie eine Erscheinung im hohen Mittag. Als hätte es ihn nicht gegeben. Aber der Tank ist voll, wir können das Warmwasser wieder aufdrehen.

Flohmarkt

Auf dem Parkplatz des Supermarktes findet ein Flohmarkt statt. Jeden Sonntag im Sommer. Unterscheidet sich kaum von deutschen Flohmärkten, nur dass ich wenig verstehe. Besondere französische Sachen gibt es nicht, vielleicht Glasaschenbecher mit Ricard-Werbung oder Pastisgläser, aber sonst findet sich alles, was man als Marktbesucher kennt und liebt: Kinderspielzeug, rostige Türscharniere, alte Grammophone, Schinken in Öl mit kaputtem Rahmen, altes Porzellan in Massen, angelaufene Silberlöffel, Lampen aller Art, ein Spiegel ohne Podest, antiquierte Bügeleisen, Platten, CDs und DVDs, Bücher zuhauf, natürlich alle auf Französisch, Damenschuhe vom schiefgetretenen Pump bis zur ausgefransten Espadrille.

Der Mistral weht. Schon seit gestern. Er weht nicht, er brüllt. Er reißt an den Decken und Planen, fällt über die Waren her, lässt Becher über den Boden kollern und Kleider zu Drachenfliegern werden. Das macht den Marktbetrieb etwas mühsam.

Wir schlendern und schauen, beugen uns manchmal vor, sind an nichts und allem interessiert. Ich entdecke eine ziselierte Eidechse aus Zinn und frage nach dem Preis. Zwölf. Da schon die ersten zusammenpacken und zu dieser Zeit die Preise fallen, sage ich: Wie wär's mit zehn? Der Händler winkt resigniert ab, als enttäuschte ihn mein Geiz, und schlägt ein. Eidechsen liebe ich.

Für Lena ist nichts dabei. Bis wir an alten Möbeln vorbeikommen, ein Teetischchen mit gedrechselten Beinen, ein Kleiderschrank, eine Kommode. Auf der Kommode steht eine Holztruhe mit Einlegearbeiten, gerade groß genug für eine Schmucksammlung.

Lena wird einsilbig, begutachtet das Kästchen eingehend. Das wäre genau richtig, sagt sie zu mir. Und wie sie mich nicht ansieht dabei und wie sie nur Augen für die Truhe hat, ist mir klar, dass sie sie unbedingt haben will.

Gut, dass Lena ihre Begeisterung nicht nach außen zeigt.

Wie viel?, frage ich die Händlerin.

Achtzig. Das sei eine cevenolische Hochzeitsschmucktruhe aus dem neunzehnten Jahrhundert, erklärt die Händlerin. Die verschenkte man an die Braut als Hochzeitsgabe. Ich übersetze. Lena sagt kein Wort.

Sie will die Truhe, aber sie ist ihr zu teuer.

Ich versuche zu handeln: Wie wär's mit sechzig?, frage ich.

Aber die Händlerin lehnt ab. Achtzig sei der Minimalpreis, darunter könne sie nicht gehen, und es sei ja auch ein herrliches Stück – das hilft Lena nicht weiter.

Können wir uns das leisten?, fragt sie.

Willst du sie denn?

Natürlich! Die wäre ideal als Schmuckkästchen. Da würden auch meine langen Ketten reinpassen, und ein Fach für Ringe gibt es auch. Aber achtzig Euro?

Ich rede ihr die Selbstzweifel aus. Das Stück soll sie sich wert sein. Sie umgibt sich gern mit schönen Sachen, und sie soll spüren, dass sie ihnen entspricht. Die Urlaubskasse wird es schon vertragen.

Sicher?

Irgendwie schaffen wir das.

Wir schlagen ein.

Die Händlerin verzieht keine Miene, wünscht uns viel Freude damit, und als wir mit dem Ding in einer Tüte weggehen, fängt sie an, ihren Kram zusammenzupacken.

Der Mistral fährt in die Aufräumarbeiten. Glas zersplittert. Wir gehen zurück zum Auto, die Truhe kommt auf den Rücksitz.

Jetzt erst werden Lenas Augen wieder lebendig.

Danke, sagt sie zu mir. Ich hätte mich nicht getraut, wenn du mir nicht zugeraten hättest.

Freust du dich?

Und wie!

Auf der Heimfahrt wird sie ganz hippelig und redselig und erzählt mir, was genau sie darin verstauen wird. Brautgeschenk!, sagt sie. Und hast du die Intarsien gesehen?

Blanc du Nil

Ich brauche ein Sommerkleid, sagt Lena. Sie hat es sich von den Französinnen abgeguckt, den zierlichen, die hier sommerflanieren; deren Figur hat sie allemal. Ich brauche etwas Helles, Luftiges, alles andere ist hier zu heiß.

Hast du nicht Kleider mitgenommen?, frage ich. Was ist mit der Kombination, die du vor drei Jahren hier gekauft hast?

Jaaa, sagt sie, aber ich will ein Kleid! Und die anderen sitzen zu eng oder sind zu dunkel oder der Stoff ist zu schwer.

Aha.

Wir gehen im Städtchen auf die Suche. Neben dem Café hat ein neuer Laden aufgemacht, ein getöntes Glasdach, wo an Ständern lauter Baumwollsachen im selben Naturweiß hängen, als wär's Berufskleidung für tropische Eroberer. Das Etikett: eine Nil-Feluke stilisiert vor drei Pyramiden, *Blanc du Nil*, das Weiß vom Nil, nicht schlecht, denke ich. Wahrscheinlich original ägyptische Baumwolle, naturbelassen, Öko vielleicht, aber vielleicht dennoch in Bangla Desh oder Mali für einen Hungerlohn gesponnen und geschneidert. Da müsste man mal nachfragen, wenn man besser Französisch verstünde: Wo produziert? Mit oder ohne Kinderarbeit?

Trotzdem zeige ich Wirkung angesichts des geschmackvollen Werbekonzepts. Ich bin ein Opfer der Werbung, sage ich zu Lena. Da nützt mir mein ganzer kritischer Verstand nichts. Aber sie hört mir nicht zu, sie steht an einem Ständer mit Kleidern und begutachtet Schnitt und Stoffqualität.

Inzwischen interessiere ich mich auch. Für dieses Hemd zum Beispiel, halbdurchsichtig, kühl, einfach, mit Schulterklappen, einer kleinen Knopfreihe, schmalen Manschetten und einem kurzen Kragen. Passend dazu ein Tropenhelm und ein Schnauzbart, Typ britischer Ägyptologe. Obwohl ich doch gar keine Hemden trage.

Lena verschwindet drei Stufen tiefer in der dunklen Ladenhöhle. Ich folge. Drinnen sind die Wände mit schwarzem Samt ausgeschlagen, die weißen Kleider heben sich davon ab wie kühler Luxus. In der Ecke neben dem Vorhang der Umkleidekabine bläst eine Klimaanlage kalten Hauch ins Gelass. Ich stelle mich davor und lasse mir den Schweiß von der Haut trocknen.

Lena wird beraten. Mit Händen und Füßen führt sie das Gespräch, ein bisschen Englisch kann die Verkäuferin auch. Sie ist Mitte Vierzig, zierlich wie Lena, aber Lena, erkenne ich erstmals, ist um einiges größer. Die durchschnittlichen Französinnen sind zwergenhaft, reichen mir gerade bis zur Brust, das sehe ich, als weitere Kundinnen hereinkommen, ich bin mit meinen einsachtzig der Längste im Raum. Deshalb braucht Lena große Größen, was nicht einfach ist.

Sie wählt ein Zipfelkleid und verschwindet in der Kabine. Die Verkäuferin führt das Gespräch mit mir fort, ein merkwürdiges Gefühl, mir von einer anderen Frau Erläuterungen zu meiner eigenen anzuhören. Dann erscheint Lena wieder, oder nein: eine junge, elegante Dame.

Traumhaft, sage ich und schnalze mit der Zunge.

Sie beschaut sich im Spiegel. Nicht wahr, sagt sie selbstsicher.

Très jolie!, flötet die Verkäuferin und stellt sich erfahren und fraulich zu ihrer Kundin.

Ist auch meine Frau, sage ich auf Französisch und betrachte sie mit wachsendem Wohlgefallen. Schön, denke ich, dass das hier endlich mal zur Geltung kommt!

Mein Blick fällt auf das Hemd, das ich draußen gesehen habe. Nur mal so schaue ich, ob sie meine Größe haben. Die Verkäuferin bemerkt es und ist zur Stelle. Lena ist ihr sicher, sie zieht sich gerade wieder um. Jetzt geht es um mich. Baumwolle, mit Schulterklappen. Sie reißt es vom Bügel und hält es mir hin, unwillkürlich weiche ich zurück.

Ich bin nassgeschwitzt und will nicht, dass sie das an ihren Händen zu spüren bekommt. Sowieso nicht meine Größe, sage ich. Sie zieht die Ärmel lang und hält sie prüfend an meine Arme. Es sollte ein bisschen fälliger sein, sagen ihre gestenreichen Ausführungen, und sie nimmt ein anderes Modell vom Bügel, eine Nummer größer, das mir aber nicht gefällt. Außerdem habe ich keine Lust zu einer Anprobe und ist mir dieses Aufhebens um meine Person schon zuwider. In Ruhe schauen und mich überraschen lassen, ob meine Größe vorhanden ist, ist eine Sache. Aber mich hier von einer Frau beturteln zu lassen, eine andere.

Non, merci, sage ich.

Ein Runzeln erscheint auf der Stirn der Verkäuferin. Das kann sie nicht verstehen: meine Weigerung, das Hemd zu kaufen. Sie will mich nicht nur zu einem Kunden, sondern auch zu einem Touristen machen. Glaubt sie, sie kann mir etwas aufschwatzen?

Lena merkt mir an, dass ich mich unwohl fühle, und lenkt die Aufmerksamkeit der Verkäuferin wieder auf ihr Kleid. Vierzig Euro sind ein guter Preis. Während die beiden an der Kasse stehen, trete ich wieder hinaus aus dem feuchten Kältehauch der Höhle in die Sonne.

Als Lena mit der Plastiktüte erscheint, strahlt sie.

Genau das, was ich gesucht habe, sagt sie.

Wunderbar!, sage ich und nehme sie in den Arm. Damit will ich dich aber bald sehen.

Wenn wir essen gehen, sagt Lena kokett.

Später soll ich sie fotografieren, auf der Terrasse des Sommerhauses, damit sie sich einmal sehen kann. Aber sie ist enttäuscht. Ich dachte, sagt sie, es wäre ein bisschen phänomenaler, aber es ist doch ein gewöhnliches Sommerkleid.

Ich weiß nicht, was ich sagen soll. Mir gefällt es ausnehmend gut.

Na ja, lacht Lena, dann kann ich es wenigstens auch ins Büro anziehen.

Der Aschenbecher

Als ich ihn sehe, weiß ich sofort: Den muss ich haben.

In der Boutique riecht es nach Lavendel, Porzellanzikaden beginnen bei jeder Bewegung zu schnarren, die Wandregale sind vollgestellt mit verschiedenstem Krimskrams, *méli-mélo*: Santonfiguren, Zikadenbroschen, Topflappen, Schminktäschchen, Duftöle, Püppchen für Kinder, Seifen aus Marseille, Schalen, Teller, Schüsseln, Knoblauchreiben in Olivendekor, Räucherstäbchen, Lavendelwasser, Schmuck, Holzkästchen, Salatbestecke aus Olivenholz – der Blick durchdringt das Durcheinander nicht, das soll so sein. Also stehe ich davor und schaue mich in Ruhe um. Immer gibt es etwas zu entdecken.

Und dann der Aschenbecher.

Cendrier, steht da. Ich erkenne das Wort wieder, nach dem ich den Restaurantkellner einmal gefragt habe. Ich konnte es mir nicht merken. Ich muss es geschrieben sehen. *Un cendrier* also.

Ich brauche zuhause keinen Aschenbecher. Aber die Farben und die Form entzücken mich sofort.

Ein kleines, bauchiges Stück aus Porzellan, mit einem Einsatz darauf, den ich schon oft in Frankreich gesehen habe und für eine Mode halte. Blau der Bauch, dunkles, himmelgetränktes Blau mit einer gelben Sonne daraufgepinselt, ein Kranz aus Wellenstrahlen, als wär's ein heidnisches Symbol, der Einsatz oben ein Ring aus Rot mit gelber Girlande, innen gelb mit einem hellgrünen Ring.

Das sind die Farben des Midi, denke ich. Bunt, lebensfroh. Das sind meine Farben. Er passt gefällig in die Handfläche, der Einsatz klappert leise, er kostet nur vierfünfzig, also Massenware, aber das ist egal. Wenn mir etwas gefällt, ist das egal. Ich sehe viel Massenware in den Läden, darunter aber auch erlesene Besonderheiten. Oder solche Stücke wie dieser Aschenbecher, ein Spielzeug, das mich sofort für sich einnimmt.

Erst an der Kasse geht mir der Zweck des ringförmigen Einsatzes auf. Er schließt den Raum um den mittigen Buckel herum, auf dem man die Zigaretten ausdrückt, nach oben ab; die Asche liegt aufgehoben im Bauch und stinkt nicht. Außerdem kann sie der Wind nicht verblasen. Eine sinnreiche Konstruktion, genau das Richtige für mich.

Ich lasse den Aschenbecher einpacken. Die obligatorische Frage, ob es ein Geschenk sein soll. Nein, es ist für mich.

Andenken, Souvenirs, sinniere ich. Davon leben die Händler. Was suchen die Touristen, wenn sie von Laden zu Laden gehen, überall hineinschnuppern, den Blick wandern lassen? Ich suche keine Kuckucksuhren oder Lavendelsäckchen oder den Eifelturm aus Hartplastik. Ich suche einen Gegenstand, den ich gebrauchen kann, der mein Schönheitsempfinden anspricht oder der tauglich ist, das Flair des Hierseins zuhause zu beschwören. Am besten alles zusammen.

So funktionieren Andenken, überlege ich, während die Verkäuferin Seidenpapier knüllt und Tesastreifen abreißt. Es sind kleine Denkmale, die man sich zuhause aufstellt oder, noch besser, die man im Alltag benutzt und dabei immer neu an das Zurückliegende erinnert wird. Erinnerung, Mnemosyne, die Muse der Dichtkunst. Vielleicht sind Andenken Vorstufen der Kunst, sind Proto-Poesie. Sie lassen die Seele zurückkehren an schöne Orte, zu schönen Empfindungen, versichern ihr, dass es das alles noch gibt, auch wenn das Alltagsleben trostlos erscheint.

Ob ich tatsächlich jedesmal, wenn ich den Aschenbecher zur Hand nehme, an hier zurückdenken werde, weiß ich nicht. Die Gewöhnung ist mächtig. Die Farben werden sich abnutzen, die Freude verblassen, der Gebrauch gedankenlose Routine werden. Mit manchen Andenken ist es mir so ergangen, und am besten ist, man lädt den Gegenstand schon im Ferienland mit Bedeutung und Bewandtnis auf. Nimmt ihn nicht leer und nackt nach Hause, sondern gefüllt mit den Augenblicken, in denen er hier seinen Platz gefunden hat.

Ich werde von nun an meine Zigaretten darin ausdrücken und den Aschenbecher, der im Haus ist, wieder im Schrank verstauen. Der Aschenbecher wird zum gewohnten Anblick werden, auf dem Terrassentisch mit dem Glas Orangina daneben, im Garten im Gras neben dem Liegestuhl, die bunten Farben werden beschmutzt von Asche und Teer, er wird seinen

Dienst tun, ich werde nach ihm greifen nicht als nach einem Andenken, sondern als nach etwas Nützlichem, und wenn ich ihn dann einpacke und mitnehme und zuhause auf den Couchtisch stelle, ist er schon, was er sein soll: ein Aschenbecher mit der Patina des Feriengebrauchs.

Vielleicht wird es funktionieren.

Die Verkäuferin gibt mir die Plastiktüte mit dem eingepackten Souvenir in die Hand. *Merci, madame. – Merci à vous. Au revoir et bonne journée.*

Französischgrün

Ich brauche ein neues Feuerzeug. Im Supermarkt an der Straße Richtung St-Jean-du-Gard kaufen wir ein, an der Kasse finde ich die plastikverpackten Stücke und kann mir eine Farbe aussuchen. Ich nehme eines und denke noch: französischgrün. Es ist ein dunkles, etwas schmutziges, blaugrün behauchtes Oliv. Es lässt mich, ehe ich das merke, an stickige Hitze und den Geruch von Drillich, an großschiffige Citroëns und schwarzen langfaserigen Tabak denken. Erst im Auto, als wir die Einkäufe verstauen und ich das Feuerzeug aus seiner Verpackung hole, fällt mir ein, woher das kommt.

Es ist das Grün der Tarnnetze und der Uniformen der französischen Streitkräfte, die nach dem Weltkrieg in Deutschland stationiert waren. Eine Kaserne gab es auch in der Straße meiner Kindheit; morgens wurde man vom Trompetensignal wach, und immer wieder sah ich die Posten am Eingangstor stehen, in ihrem blaurot gestreiften Holzhäuschen, mit Stahlhelm und Gewehr und ganz in Oliv.

Alljährlich wurde ein Kasernenfest veranstaltet, ein „Tag der Offenen Tür", wo in den Magazinen und Panzerhallen Vergnügungsstände aufgebaut waren. Für nur eine Mark konnte man Bälle aus ausgestopften Socken auf Sperrholz-Asterixe werfen, eiserne Übungsgranaten auf Glasflaschen schleudern, Bogenschießen auf Strohscheiben, an einem Glücksrad drehen, das aus einer alten Fahrradfelge bestand, und Bonbons oder Kaugummi oder ein „Nüts" gewinnen, man konnte unter Sägemehl versteckte Päckchen angeln oder im stickigen Zelt Roulette spielen. In Panzer kletterten wir, die heiß waren von der Sonne, und in den Garküchen gab es versalzene, matschige Frites und jene berüchtigten roten Würstchen, die furchtbar scharf sein sollten und nur was für Erwachsene waren. Heute denke ich, dass das Merguez gewesen sein müssen, und finde sie sogar zuhause im Supermarkt.

Das alles und mehr – erste Elsassfahrten und der Vetter mit der DS und ein Urlaubsflirt mit vierzehn in St-Cyprien-Plage – findet sich im Grün dieses Feuerzeugs wieder, in diesem ganz bestimmten dunklen, etwas schmutzigen Tarnoliv. Das steht für ein Lebensgefühl, wie ich es früh mit Frankreich in Verbindung brachte, eine Verruchtheit und anarchische Lässigkeit, ein abenteuerlicher Lebensgenuss und leichtmütiges Laisser-faire, ein Lebensgefühl, das, merke ich plötzlich, sich widerstandslos fügt in mein Hiersein, in eine allgegenwärtige Gelöstheit und Gleichmütigkeit, und ich lächle still über die Stimmigkeit dieser Farbe und ihrer Assoziationen, als wir vom Parkplatz losfahren, Seitenfenster und Schiebedach offen, den Ellbogen aufgestützt, eine Zigarette aus schwarzem, langfaserigem Tabak im Mundwinkel, und auf dem Weg sind am Gardon entlang zurück nach Anduze.

Menü

Wir haben Hochzeitstag. Sollen wir feiern? Vielleicht essen gehen, sagt Lena. Dazu will sie ihr neues Kleid anziehen, das weiße, leichte, und das Bernsteinarmband, das sie von einem fliegenden Händler gekauft hat.

Am besten ein Menü. *Formule* heißt das manchmal auf den kreidebeschriebenen Tafeln, man kann wählen zwischen zwei bis drei Gerichten pro Gang, das Ganze kostet zwölf oder sechzehn Euro. Wir gehen zu unserem Restaurant um die Ecke, hinter dem Horloge-Turm, wo die Straße eine Linkskurve macht und unter der alten Kaimauer in den Chemin du Nîmes einbiegt. Das „La Tour Gourmande" ist ein schmales Gelass in einem Steinhaus mit einer kleinen Terrasse, auf der fünf Tische stehen und ein Bambustopf, umgeben von einem Schilfzaun, Abgasgestank inbegriffen. Von der Terrasse geht es tiefer ins Gebäude hinein, dort sitzt man im Halbdunkel und kann nicht rauchen, die Glasfront steht offen, sodass Drinnen und Draußen ineinander übergehen.

Wir sind früh dran, müssen noch ein bisschen warten, bis wir uns setzen können, nehmen dann einen Tisch nahe am Eingang. Ich nehme den Hut ab und hänge ihn über die Stuhllehne, stelle den Rucksack unter den Tisch und warte, bis der Kellner kommt.

Einen Aperitif? Gern. Ich bestelle Pastis, zum Trinken nehmen wir diesmal kein Mineralwasser, sondern Orangina und Lena einen Grenadinesirup. Mit den Getränken stellt der Kellner eine Glaskaraffe mit Leitungswasser, feucht beschlagen, auf den Tisch. So brauchen wir weiter nichts zu trinken. Mineralwasser gibt es mit und ohne *gaz*, das ist bei uns zum geflügelten Wort geworden.

Und einen Swimmingpool hätte ich gern, scherze ich mit dem Kellner.

Er deutet an uns vorbei und sagt grinsend: Der Gardon ist da drüben.

Ich lache. Ziemlich heiß heute, *n'est-ce pas?*

Was wollen Sie?, antwortet er. Es ist Sommer.

Wir schauen die Karte durch und sind uns bald einig, dass wir jeder das Haus-Menü nehmen. Wieder entdecke ich die kuriose Zugehörigkeit der Beilagen zu den Speisen: Da gibt es nicht Fisch mit Reis, sondern Fisch mit *seinem* Reis, Schweinelendchen mit *ihrer* Soße, Orangina mit *ihrem* Fruchtfleisch. Das hat etwas rührend Menschliches, als wären die Gerichte Geschwister, die man nicht trennen darf.

Wir bestellen, als der Kellner zurückkommt. Beim Hauptgericht zögere ich und frage nach. Lamellen von was?

Der Kellner kann es nicht erklären.

Fisch?, frage ich. *Pêche*?

Poisson, korrigiert er mich.

Ich kenne beide Wörter und gerate durcheinander. Schließlich erklärt er mir mit der Geste des Angelns, dass *pêche* der Fischfang sei.

Fisch also. Ich habe das Wörterbuch vergessen, es wird auch so gehen.

Das nehme ich.

Und das Dessert …, beginne ich, aber er winkt ab. Das sehen wir dann, meint er. Nach dem Hauptgang, heißt das. Da ist noch genügend Zeit.

Nach und nach kommen andere Gäste hinzu, die Zweiertische füllen sich, aber auch die zu Tafeln zusammengestellten Tische drinnen, an denen ganze Familien und Cliquen Platz nehmen, werden besetzt. Nicht nur Holländer, auch viele Franzosen. Ob Süd- oder Nordfranzosen, kann ich nicht feststellen, braungebrannt sind sie alle. Die Ferien haben ja schon begonnen, am ersten Juli, da werden sicher sonnenhungrige, genusssüchtige Pariser dabei sein.

Der *Salade mediterranéenne* kommt in einer schrägen Bowlenschüssel, die wieder einmal klarmacht, weshalb „Schüssel" auf Französisch *bol* heißt. Grünsalat mit Tomaten, Anchovis und Tapenade-Toasts, wir tunken die Vinaigrette mit dem beigereichten Weißbrot auf.

Dann kommt mein Fisch. Später, im Sommerhaus, habe ich nachgeschlagen: *seiche* ist Tintenfisch! Aber das Meerestier ist zart und adrett angerichtet und hat nichts von den üblichen Gummiringen, die man beim Griechen kriegt. Außerdem weiß ich ja nicht, was ich da esse. Lena hat ein kleines Lammkotelett auf ihrem viereckigen Teller liegen, mit Rosmarin, einem Schüsselchen Tomaten-Auberginen-Paste und natürlich Frites. Ich darf probieren: Das Fleisch ist zart, mit einem Hauch Kräuter. Die Portionen sind nicht groß, aber lecker. Man merkt der Zubereitung das Können an.

Das Sitzen und Essen, das Warten und Genießen macht faul. Manchmal lehne ich mich zwischen zwei Happen zurück und schaue dem Verkehr zu, der auf der Straße dichter wird. Ein Restaurant ist ein guter Ort, um die Mittagszeit zu verbringen, denke ich. Man sitzt lange und zögert den Aufbruch hinaus, die Rückkehr in die Sonnenhitze.

Die Häuserwände entlang der Straße fluchten. Einmal sehe ich einen Fußgänger stracks auf diese Mauerflucht zugehen und darin verschwinden, bis ich merke, dass er in eine schmale Gasse einbiegt. Ich wusste gar nicht, dass es hier eine Gasse gibt. Sie ist so schmal, dass sie eigentlich nirgends hinführen kann. Fassungslos schaue ich dann zu, wie sogar ein Auto darin verschwindet. Sie hat sogar einen Namen, wie ich später feststelle: Rue Cornie.

Als Dessert wählt Lena natürlich das *Mousse au chocolat*. Damit hat sie in Frankreich und besonders in diesem Restaurant gute Erfahrungen gemacht. Ich schließe mich an, und stumm vor Genuss löffeln wir die steifgefrorenen Portionen aus kältebeschlagenen Gläsern. Das schmilzt auf der Zunge und hinterlässt eine Kremschicht aus Schokolade am Gaumen.

Zum Schluss noch einen Kaffee. Ich will noch nicht gehen. Das Sitzen hat mich besinnlich gemacht. Mögen sie draußen in der Hitze jenseits der Markise hetzen und hupen – ich sitze hier und schaue dem Ganzen zu. Rauche in Ruhe eine Zigarette, schlürfe den würzigen Kaffee. Lena ist von der *Mousse* ein wenig kalt, sie will etwas zum Aufwärmen. Bei fünfunddreißig Grad?, denke ich. So sind Frauen.

Einen Kräutertee will sie.

Inzwischen weiß ich, dass *thé* immer Schwarztee meint und alle anderen teeähnlichen Aufgüsse *infusion* heißen. Der Kellner hat nur zwei Sorten: Verveine, also Eisenkraut, und etwas, dessen Namen ich ihm nicht einmal nachsprechen kann. Ich könnte ihn den Namen buchstabieren lassen und versuchen, schlau daraus zu werden, aber Lena geht das Risiko ein. Es entpuppt sich dann als eine annehmbare Kräutermischung, und Lena ist's zufrieden.

Es ist nach zwei Uhr, als wir endlich genügend Antrieb haben, um zu gehen. *L'addition, s'il vous plaît.* Das ist in Frankreich nicht ganz einfach zu durchschauen.

Anfangs dachten wir, es versteht sich von selbst, dass auf einen Fünfziger für eine Zwanzig-Euro-Rechnung das Wechselgeld herausgegeben wird. Dann erkannten wir, dass man das dazusagen muss. Aber die Rechnung kommt in einem kleinen Blecheimerchen auf einem Tablett, der Kellner verschwindet sofort wieder, als müsste er uns mit der Peinlichkeit des Geldherauskramens allein lassen. Dass er wiederkommt, ist nicht sicher. Man kann wohl auch den Betrag samt Trinkgeld einfach liegen lassen und gehen. Hat man es nicht derart passend, muss man warten, wobei es noch Signalwert hat, ob man die Rechnung zu sich nimmt oder liegen lässt.

Diesmal aber können wir es endlich so machen wie die meisten. Wir legen vierzig Euro in das Eimerchen, nehmen Hut, Handtasche und Rucksack und verlassen die Terrasse. Oben, auf dem Quai du 19 Mars 1962, schauen wir, versteckt hinter der Mauerbrüstung, zu, wie der Kellner auf das großzügige Trinkgeld reagiert. Er findet es lange nicht, die Scheine liegen und liegen. Schließlich nimmt er es doch an sich, ungerührt, und verschwindet im Innern.

Was war am 19. März 1962?, fragen wir uns. Zuhause schaue ich nach: Ende des Algerienkrieges, Waffenstillstand zwischen de Gaulle und der algerischen Befreiungsfront.

Wir steigen die Treppen hinab und kommen auf den großen Parkplatz, wo drüben das Blech unseres Wägelchens in der Sonne glüht.

Das hat gutgetan, seufzt Lena zufrieden.

Das Kleid steht dir klasse, sage ich.

Wollen wir morgen noch mal essen gehen?, fragt sie keck.

Für mich ist an jedem Tag Hochzeitstag, sage ich galant.

Lena, entspannt

Die Erholung, sagt man, beginnt nach einer Woche. Ich sehe es Lena an. Sie ist anders, gelöster, freier. Ich habe mein Vergnügen an ihr: Lena, entspannt.

Zum Beispiel Lena im Garten. Denkt nicht an die Arbeit, lässt es sich wohl sein. Sitzt im Liegestuhl, hat einen Teller mit Kleingeschnittenem in der Hand: Weißbrot, Wurst, Käse, Tomaten. Nimmt einen Happen und lässt ihn im Mund verschwinden, kaut, schaut in die Gegend. Trinkt aus ihrem Glas mit Eistee. Der Sonnenhut sprenkelt einen Spitzenbesatz aus Lichtpünktchen auf ihr Gesicht. Sie rülpst, bläst die Luft aus wie ein Pferd, seufzt laut. *Très bien*, sagt sie. So ist sie nur, wenn niemand zuschaut. Niemand außer mir.

Sie stellt den Teller weg, steht auf, schaut sich einen Schmetterling im Gras an. Metterschling, sagt sie immer. Schaut den Vögeln zu. Geht zum winzigen Pfirsichbaum und prüft die kleinen, harten, aber rotgefärbten Früchte. Geht weiter zum Kirschbaum, eine Sauerkirsche, die Früchte warm und weich von der Sonne. Isst gleich welche. Bringt mir welche mit. Die musst du jetzt probieren, sagt sie bestimmt.

Manchmal spielen wir Karten. Wenn ich einen Stich mache, ärgert sie sich. Wenn sie gewinnt, ruft sie Ja! und ballt die Faust wie die Fußballer. Dann, erschrocken: Das steht jetzt aber nicht zwischen uns, oder?

Du bist so braun geworden, sagt sie einmal neiderfüllt. Aber ich habe auch schon Farbe, sagt sie und begutachtet die Unterseite ihrer Arme. Manchmal sitzt sie in ihre Beine verschlungen da und maniküri ihre Füße. Welch anmutige Pose, frotzele ich. Blödmann, sagt sie nur. Ich liebe ihre Füße. Schmal, lang, die Zehen äußerst beweglich. Oft habe ich sie zuhause im Schoß, in Socken; hier aber sehe ich sie nur blank.

Selten, diese Fröhlichkeit, zuhause, wenn es Tag für Tag ins Büro geht. Wenn sie früh ins Bett muss, um genügend Schlaf zu haben. Selten dieser Witz und diese Frechheit, diese Lebenslust und dieser Freimut. Daran könnte ich mich gewöhnen, sage ich grinsend zu ihr.

Wart's nur ab!, sagt sie.

Ich liebe sie, da bin ich sicher.

Die Zikade

Bisher habe ich keine einzige Zikade zu Gesicht bekommen. Dann, am letzten Tag, entdeckt Lena eine.

Ich sitze im Garten im Liegestuhl und verrenke mir den Kopf. In der Robinie, unter der ich sitze, sägt es laut. Dort muss eine sitzen, aber ich kann sie nicht finden. Das Ohr trügt oft, der Schall wird von der Hauswand zurückgeworfen, und ich kann nicht einschätzen, ob das Geräusch aus dem Wipfel oder von den unteren Ästen kommt.

Lena meint: Die muss ganz nah sein.

Sie schleicht mit in den Nacken gelegtem Kopf um die Robinie herum, guckt, geht weiter, guckt wieder.

Die findest du nicht, sage ich.

Nach wenigen Augenblicken sagt Lena bedächtig: Ich glaub, ich seh sie.

Da sie schon einmal einen Grashüpfer für eine Zikade gehalten hat, messe ich dem keine Bedeutung bei. Inzwischen ist es stumm geworden auf dem Baum.

Wie sieht denn eine Zikade genau aus?, fragt sie.

Ich kenne das Insekt auch nur von Bildern, beschreibe es ihr, meine, dass es braun sei und ungefähr sieben Zentimeter lang.

Die hier ist aber grün, sagt Lena.

Wo?

Ich springe auf und eile zu ihr. Die Zikade hat ihr Gesäge erneut begonnen, schweigt aber sofort wieder, als ich dazukomme.

Da, siehst du?, sagt Lena und deutet mit dem Finger. Jetzt flüstert sie.

Ich brauche einige Augenblicke, bis ich entdecke, worauf Lena deutet. Und tatsächlich klebt da auf der Unterseite eines dornigen Robinienastes ein grünes Insekt. Ich sehe die Beine, ich sehe den gepanzerten Kopf, ich sehe die durchsichtigen, schwarz gepunkteten Flügel.

Ich werd verrückt, bringe ich im Flüsterton hervor. Du hast sie entdeckt!

Die Zikade sitzt still und lässt sich bestaunen. Früher dachte ich ja, sie machen das unerträgliche Geräusch mit den Flügeln. Aber sie haben eine Art Trommelfell im Hinterleib, das sie durch Muskeln eindellen und zurückspringen lassen, und das gibt − wie bei diesen Signalklammern aus Metall – das knackende Geräusch. Mehrere hundert Mal in der Sekunde.

Jetzt sehe ich auch, dass der Hinterleib um die Hälfte der Flügellänge kürzer ist. Die Keramikmodelle und Silberbroschen erwecken einen falschen Eindruck, die Flügel stehen weit über, das Insekt ist kürzer, als es scheint.

Die Zikade rührt sich nicht. Vielleicht saugt sie gerade den Robiniensaft aus dem Holz. Sind ja alles Männchen, flüstere ich Lena zu, Paarungsgesang, sie haben nur einen Sommer dazu.

Im Herbst also hört man sie nicht mehr?

Hab ich gelesen.

Dann wende ich mich ab und laufe ins Haus, um den Fotoapparat zu holen. Im Garten steige ich auf den Liegestuhl, um näher heranzukommen. Wir haben nur so eine Digitalkamera mit ausfahrbarem Rüssel, da ist mit Zoom nicht viel zu wollen.

Als alles dokumentiert ist, lassen wir das Tier wieder in Ruhe. Ich nehme Lena in den Arm.

Du Entdeckerin!, rufe ich. Du kriegst den Südfrankreich-Naturforscher-Orden von mir! Die ganze Zeit höre ich die Viecher und krieg keines zu Gesicht, und du schleichst einmal um den Baum rum und findest sie!

Sie umarmt mich zurück, wir küssen uns, ich weiß auch nicht, warum ich mich so freue. Vielleicht, weil für mich die Stimme des Midi nun kein Phantom mehr ist, kein Mittagsspuk, kein leibloses Schrillen in der Landschaft. Nun kann ich mir immer, wenn ich sie

156

höre, vorstellen, dass da ein gepanzertes Flügeltier sitzt und seine Membran ein- und ausschnappen lässt.

Du hast doch gesagt, die sind braun, sagt Lena. War die noch jung, oder was?

Weiß ich auch nicht, antworte ich. In Südfrankreich gibt es dreizehn verschiedene Arten, weltweit ein paar Tausend, also die, die man hören kann. Keine Ahnung, was das für eine Art ist. Ausgewachsen ist sie jedenfalls, weil die bis zum Sommer monatelang unter der Erde hausen und erst zur Paarung herauskommen.

Nachdem wir uns in die Liegestühle gelegt haben, Lena Hörbuch hört und ich weiterlese, dauert es nicht lange, da fängt die Zikade wieder an zu sägen. Am selben Platz, als wäre nichts geschehen.

Zufrieden lausche ich einen Augenblick und habe das Bild vor Augen: das grüne Tier an der Unterseite des Astes.

Abendständchen

Im Garten wird es dämmrig. Der Himmel im Westen noch hell, die Luft warm, die Geräusche tragen weit. Ich sitze im Garten im Liegestuhl und lese. Da klingt aus dem geöffneten Schlafzimmerfenster ein dunkler, schwingender Ton. Ich horche auf. Dann noch einer.

Stimmt, fällt mir ein, Lena hat dieses Mal ihre Querflöte dabei.

Sie sucht die Melodie mit weiteren Tönen, dann Stille. Die Zikaden schrillen noch, einzeln, Vogellieder schweben zwischen den Bäumen. Dann beginnt Lena mit dem Lied.

Ich erkenne es rasch wieder. Das Stück „Gabriels Oboe" aus dem Film „The Mission", wo ein Missionar mit dem Klang seines Instruments die Indios bezirzt. Die Töne schwingen sich schwermütig und tragend ins Freie, mit Eulenschwingen, breiten sich über die Wiese aus und erreichen die Nachbarn. Das Lied steht feierlich und wehmütig über dem Hang, vielleicht reicht es bis zum gegenüberliegenden Bergrücken.

Alles schweigt. Nein, das stimmt nicht: Die Natur treibt weiter ihr Geräuschespiel, aber das Lied der Flöte hebt sich deutlich und ruhig davon ab. Vor dem Hintergrund der Natur ist es eine verstehbare Stimme. Sie verkündet etwas, sie singt eine Botschaft. Die zufälligen Melodien der Vögel und Zikaden klingen dagegen wirr und sinnleer, nur Lenas Querflöte feiert den Abend.

Ich lasse das Buch sinken und lausche.

Hör, es klagt die Flöte wieder, fällt mir ein, Brentanos „Abendständchen". Das Lied macht die Stille, die erfüllte, lebendige Stille hier im Tal vernehmbar. Ja, ein *holdes Bitten,* ein *mild Verlangen,* das nichts im Besonderen und allem gilt.

Ich mag den Ton der Flöte. Zart, weich, melancholisch ruft er in den sinkenden Tag hinaus. Er gellt nicht, er drängt sich nicht auf. Eine Stimme, die man sicher willentlich überhören kann. Aber, denke ich, jetzt stehen sie alle an den Fenstern und lauschen. Wer da wohl spielt?, werden sie sich fragen. Woher diese

Schönheit, dieses Versprechen? Sie werden sich fragen, ob sie glücklich sind, und werden vielleicht, sobald der letzte Ton verklungen ist, sich aufmachen und auf die Suche gehen, ziellos, hoffnungsvoll, nach dem blauen Vogel der Glückseligkeit.

Vielleicht aber bleibt niemand stehen und lauscht. Vielleicht wird der Fernseher lauter gestellt oder eine Weinflasche entkorkt oder der Müll zu den Containern gebracht. Vielleicht sind sie hier solche Stimmen gewohnt, vielleicht schwirren die Abende hier von solchen Stimmen, denen allen einer unmöglich folgen kann, vielleicht haben sie sich gewöhnt an die Sehnsucht, die blau und sinister immer aufbricht, wenn die Welt zur Ruhe kommt.

Ich jedenfalls, sobald der letzte Ton erklingt, stehe auf und gehe ins Haus.

Im Schlafzimmer steht Lena noch mit der Flöte in der Hand.

Ich umarme sie und flüstere: Das war wunderschön.

Ach, du!, sagt sie. Das war miserabel. Ich bin völlig aus der Übung.

Auf das Können kommt es nicht an, sage ich.

Ihr zu sagen, worauf es aber ankommt, weshalb ihr Spiel diesen Abend geheilt hat, sodass ein Hauch von Ewigkeit durchs Dämmer wehen konnte, dazu komme ich nicht.

Sie packt die Flöte ein und schaut mich einmal an dabei.

In ihren Augen sehe ich, dass sie wohl weiß, worauf es ankommt.

Menschen

Der Schmuckverkäufer

Auf dem Markt kommen wir mit einem fliegenden Händler ins Gespräch, ein dünnes Männchen mit kurzgeschorenem Schädel und vorstehenden Vorderzähnen, behängt mit dem Schmuck, den er verkauft. Er kann ein wenig Englisch, Touristenenglisch, gelernt für den Umgang mit den Kunden und die Förderung des Verkaufs.

Lena verkauft er ein silbernes Armband mit Bernstein, mir will er, als ich über einem Anhänger aus Holz zögere, einen Preis machen. Es liegt nicht am Preis, sage ich auf Französisch, ich frage mich nur, ob so ein Anhänger notwendig ist. Afrikanisch, magisches Symbol, aus Palisander, legt der Händler nach, ich drehe das Ding in den Fingern und fühle das harte, leichte Holz.

Eine halbe Stunde später sind wir wieder da, ich entscheide mich nun für den Anhänger. Der Händler scheint uns wiederzuerkennen, acht mal acht, sagt er auf Französisch, dann auf Englisch, er scheint uns zu verwechseln. Vierundsechzig, sage ich, und? Vierundsechzig, wiederholt er. Wir sind nicht die „acht mal acht", versuche ich zu erklären und zeige Lenas Armband vor, wir sind das hier. Das hier? *Oui, oui.* Acht mal acht.

Unser Gespräch versinkt in den Tiefen des Missverständnisses, der Fremdheit. Was will er mir sagen?, rätsle ich noch, als ich schon den Anhänger, verstaut in einem Geschenktütchen, in die Tasche stecke. Will er einen Scherz machen? Bietet er seine Freundschaft an? Meint er Lenas und mein T-Shirt im Partnerlook, das aber mit acht nichts zu tun hat?

Ich gebe auf und verabschiede mich. Acht mal acht. Das kommt mir vor wie die Antwort des Computers in „Per Anhalter durch die Galaxis", die Antwort auf das Leben, das Universum und den ganzen Rest. Jetzt muss ich nur noch die richtige Frage dafür finden. Aber ich werde wohl meiner Lebtag nicht wissen, was der Schmuckverkäufer uns hat sagen wollen. Es wird ein Mysterium bleiben, ein unlösbarer Code, eine außerirdische Botschaft, die niemand je entschlüsselt. Darin liegt die ganze babylonische Ferne zwischen Menschen.

Der Tabakhändler

Es ist ein hochgewachsener Franzose, ernst, verschlossen, mit abstehenden Ohren. Wenn ich mich auskennen würde, würde ich sagen können, dass er kein Südfranzose sein kann, sondern aus dem kalten Norden kommt, vielleicht von der bretonischen Küste.

Er lacht nie. Er lächelt nicht einmal. Er macht keinen Scherz, beantwortet alle Fragen gewissenhaft und doch mit einer abwesenden Langeweile, er erledigt die Kundenwünsche sachlich und ohne Aufhebens.

Ich frage nach einem der Opinel-Messer im Schaufenster, er verschwindet wortlos im Nebenraum und kehrt einige Zeit nicht zurück. Ich frage mich schon, was los ist, da kommt er mit dem Schlüssel wieder und geht nach draußen. Unaufgefordert folge ich ihm. Im geöffneten Fenster zeige ich ihm das Gewünschte, ein Winzermesser mit gebogenen Griffschalen aus dem bekannten hellen Holz, die Hakenschneide messerscharf und nadelspitz. Dreizehn Euro.

Er nimmt es, schließt wieder ab und geht hinein. Ich laufe ihm hinterher wie ein Hund. Ist das Verachtung?, frage ich mich. Unvermögen? Ungeschicklichkeit? Er schaut sich das Messer für einen Moment prüfend an, ich weiß nicht, was er prüft. Es sieht aus, als wollte er sich von einem liebgewonnenen Besitz verabschieden. Wenn ich jetzt sagte, es sei ein Geschenk, würde er das Messer ohne Schachtel in eine bunte Tüte stecken und sie zukleben. Also tue ich es nicht. Ich bezahle, *merci beaucoup, au revoir, bonne jounée*, und verlasse den Laden wie betäubt von seinem Schweigen.

Ein stiller, zurückgezogener Mensch. Gibt bereitwillig Auskunft über seine Waren, über Tabak und Zigarettenpapier, tippt auf die bunten Packungen und sagt: *Blonde*, aber sich selbst versteckt er wie eine Schale die Auster. Warum kommt er mir wie eine Auster vor? Stammt er doch aus der Bretagne? Was hat ihn hierher verschlagen? Man will nach seiner Lebensgeschichte fragen und kann es nicht. Aus vielen Gründen.

Der Messerschleifer

Lena entdeckt ihn: den Messerschleifer auf dem Wochenmarkt. Ein wilder Gesell mit Ziegenbart und Irokesenschnitt, in abgetragener Kleidung, in Fellweste und Arbeitshose, der an einem Gestell steht und sich über etwas beugt, und erst, als ich innehalte und genauer hinschaue, eröffnen sich die Zusammenhänge.

Mit dem Fuß treibt er einen konkaven Wetzstein, von oben träufelt Wasser über einen Schlauch aus einem Wasserkanister. Dahinter ist ein Wetzstein fest montiert, auf dem er unter Zugabe von Öl den Feinschliff macht. Gerade schleift er ein Wiegemesser, alt und vernutzt, mit vom Gebrauch schwarzen Griff, eine dralle Frau wartet darauf.

Gibt es das tatsächlich noch?, fragen wir uns. Ist das nicht nur ein Touristengag? Aber die Frau wartet, seriös und pragmatisch, sie will wirklich ihr Messer neu geschliffen haben.

Da könntest du doch dein Laguiole schleifen lassen, sagt Lena.

Das ist *die* Idee!

Ich hole das Messer aus dem Rucksack und reiche es ihm hin. Er nimmt es neugierig, begutachtet es, prüft mit dem Daumen die Schneide und mit zugekniffenem Auge die Flucht der Klinge. Dann gibt er es mir zurück.

Cinq minutes, sagt er nur.

Wir warten.

Als er es in Bearbeitung nimmt, habe ich den Eindruck, wir sind beide gespannt darauf.

Er schleift zuerst auf dem großen Stein, mit Wasser. Behutsam führt er die Klinge am schrägen Stein entlang, zieht es sacht über die Krümmung, der Schleifschlamm sammelt sich darunter in einem Plastiktuch. Dann der Feinschliff, er träufelt Öl darauf, ölt auch das Scharnier, ich sehe mein Messer wohlbehütet und aufgehoben in seinen Händen. Sie haben viel Feingefühl, diese schmutzigen, abgeschafften Hände. Sie verstehen ihr Handwerk.

Dann ist er fertig, gibt es aber noch nicht her. Wieder schaut er über die Kimm der Klinge, schnüffelt am Griffholz.

Genévrier, sage ich. Wacholder.

Er nickt. Hier sagt man *cade*, meint er versonnen. Er buchstabiert es. Ich erinnere mich.

Das provenzalische Wort, sage ich. Das okzitanische.

Das gefällt ihm. Er nickt und lächelt. Ich werde mir bewusst, dass auf meinem T-Shirt der Name jenes Landes steht, das es nicht mehr gibt, das von der Pariser Königsgewalt abgeschafft wurde: *L'Occitània*. Ich bin sicher, er hat es zur Kenntnis genommen. Vielleicht gefällt ihm das, dass da einer ist, scheinbar ein dummer Tourist, der sich für die Geschichte und Zukunft seiner Heimat interessiert. Vielleicht würde er mit mir über den Zentralismus in Paris und das Wiederaufblühen des Okzitanischen reden, mir erzählen, welche Rolle es in seinem Leben spielt. Vielleicht würde er mir erzählen, wie sein Leben aussieht als Handwerker auf der Walz. Vielleicht wäre das alles möglich.

Aber ich habe nicht den Schneid dazu. Es ist nicht nur die Sprache: Ich müsste ausfahren aus meiner Touristenhaut, müsste der rücksichtslose Schreiber auf der Suche nach Geschichten sein und ihn regelrecht interviewen, dürfte mich um Wochenmarkt und Lena und Fremdheit nicht kümmern. Aber, wie gesagt, dazu habe ich nicht den Schneid.

Ich verharre in meiner Urlauberhaut und nehme das Laguiole aus seiner Hand zurück. Er sagt mir noch, dass ich die Klinge beim Schließen nicht schnappen lassen soll, und aus seinem Mund, mit der bedächtigen Handbewegung dazu, ist es viel mehr der Rat eines Meisters als die Erklärung des Verkäufers damals, als ich es kaufte.

Sie sind ein Meister Ihres Fachs, sage ich auf Französisch, er lächelt, freut sich, nimmt dieses Lob aus Ausländermund tatsächlich an. Zwei Euro will er für das Schleifen. Das ist zuwenig, hätte ich am liebsten gesagt. Gute Arbeit braucht gutes Geld. Aber ich weiß doch nicht, ob ich ihn damit beleidige, ob er das für ein Trinkgeld hält! Er wird seine Preise schon so berechnet haben, dass er davon leben kann. Zwei Euro – lächerlich!

Lena gibt drei, *pour vous* sagt sie über das Zuviel. Er nimmt es ohne Widerspruch. Oder ist ein Trinkgeld selbstverständlich? Haben wir uns gar als zu geizig erwiesen? Man weiß so wenig, denke ich.

Die Andenkenverkäuferin

Wieder einmal stehe ich in dem kleinen Andenkenladen, wo auf Bewegung die Zikaden schrillen. Ich schaue mich um, da kommt die Besitzerin auf mich zu und sagt etwas Lobendes über mein T-Shirt.

Das habe ich eigens für diesen Urlaub anfertigen lassen, nach eigenem Entwurf, der heutzutage nichts ist als ein per E-Mail verschicktes Jpeg, zuhause am Rechner mit den üblichen Grafikprogrammen erstellt.

Selbst gemacht, versuche ich auf Französisch zu sagen. Nicht das T-Shirt, erkläre ich und zupfe an dem Stoff, sondern das Design. Ich hoffe, dass *dessin* das richtige Wort ist.

Die Besitzerin ist eine Dame im mittleren Alter, klein, den Kopf voller Kräusellocken, wobei ich den Verdacht habe, dass sie nicht echt sind. Sie ist freundlich, höflich, eine kleine, fleißige, anständige Bürgerin hier im südfranzösischen Nest. Sie passt gut hinein in ihren mit Topflappen, Schminktäschchen und Keramikzikaden vollgestopften Laden. Aber ich bin mir nicht sicher, ob sie mich versteht.

Ich jongliere mit *moi* und *même* und versuche klarzumachen, dass es dieses T-Shirt nirgends zu kaufen gibt.

Verkaufen Sie das T-Shirt?, fragt sie plötzlich.

Und auf einmal hat sie sich in eine verkaufstüchtige, zielstrebige Geschäftsfrau verwandelt, die entschlossen ist, die Gelegenheit für einen lohnenden Handel zu nutzen.

Wieder versuche ich zu erklären, dass ich nur den Entwurf gemacht habe.

Sie versteht mich nicht und fragt noch einmal.

Lena kommt hinzu, sie trägt das gleiche Design auf Gelb und Damengröße. Mein Geburtstagsgeschenk an sie.

Ah, oui!, ruft die Besitzerin aus und erklärt Lena, die nichts versteht, dass sie schon Lenas Mann gefragt habe, ob es verkäuflich sei, aber ich hätte mich nicht klar geäußert.

Lena sagt nichts, lächelt, ich lenke die Aufmerksamkeit auf mein Souvenir zurück, das ich kaufen will.

An der Kasse wartend, überlege ich. Ich könnte ihr eine Beteiligung anbieten. Ich könnte ihr den Entwurf zuschicken, sie müsste dann noch einen Hersteller finden, der die T-Shirts in gängigen Farben und Größen anfertigt, ich versuche mir vorzustellen, was die Frau für ihren Laden wohl als verkaufsträchtig ansieht.

Aber das alles will ich nicht. Ich bin nicht geschäftstüchtig. Ich bin nicht hergekommen, um kommerzielle Kontakte zu knüpfen. Vielleicht wäre das durchaus aussichtsreich, wenn man es groß aufziehen würde, hier unten feste Abnehmer finden, weitere Entwürfe liefern. Warum eigentlich nicht? Aber warum doch?

Ich spreche mit Lena das Ganze halblaut durch, aber auch sie findet den Gedanken einer zustandekommenden Geschäftsverbindung eher kurios als plausibel.

Die Frau bleibt höflich und zurückhaltend, kassiert, gibt das Wechselgeld. Sie kommt nicht noch einmal

auf ihre Frage zurück. Bei ihr siegt die Höflichkeit ü-
ber den Geschäftssinn. Dennoch habe ich Respekt vor
ihr bekommen, vor diesem kleinen Persönchen, das so
resolut auftreten kann, wenn es um Geschäftsinteres-
sen geht.

Der Buchhändler

Er ist ein kleiner Mann, napoleonklein, nur eben
blond. Meist steht er an seinem Verkaufstresen und
blickt durch die Ladentür hinaus, versonnen, ein kleiner Feldherr seines Geschäfts. Oder er werkelt unsichtbar im Hinterzimmer und kommt erst, wenn man
hustet.

Ich nehme an, er kennt sich mit Büchern aus und
allem, was damit zu tun hat. Deshalb komme ich zu
ihm, als ich die Regionalliteratur entdeckt habe. Deshalb komme ich und frage ihn, weshalb er Stevenson
in seinem Sortiment hat. Deshalb frage ich ihn nach
dem Namen einer Felsenkette unweit Lozière, den
mein Wörterbuch mit „Lenkstange" übersetzt.

Aber er ist keine Enzyklopädie. Die Gesteinsforma-
tion kennt er nicht, obwohl sie gerade dreißig Kilometer entfernt ist, und den Namen kann er sich auch
nicht erklären.

Als ich ihn nach dem Comic namens *Bécassine* frage,
das ich in einer Buchhandlung in Florac entdeckt habe,
springt er allerdings an. Ja, das kenne er, sagt er beinah
wehmütig und starrt eine Zeitlang vor sich hin, immer

den Blick hinaus durch die Ladentür. Kindheitserinnerungen?, frage ich mich. Die alten Comics bei *mamé* in der Schublade?

Ob das ein altes Comic sei, frage ich, ich benutze das Wort *ancien*, weil ich vermute, dass das etwas Nostalgisches meint. Oh ja, sagt er und bewegt die Hände, überhaupt kommt Bewegung in ihn, wenn er spricht, das sei alt, mindestens vierzig, fünfzig Jahre. Es gebe, sage ich, ja jetzt eine Neuausgabe, *une nouvelle édition*, das muss ihn als Buchhändler doch interessieren. Aber er winkt ab, das wisse er nicht, da kenne er sich nicht aus. Jedenfalls die *Bécassine* hat er nicht da.

Immer noch schaut er nach draußen. Ich kenne das aus meiner Zeit als Teeverkäufer: die Gebundenheit an den Laden; das Stehen in der Tür, während draußen das Leben spielt; die paar vollgestopften Quadratmeter tagaus tagein, die alles sind, was man hat. Ich wüsste gern, wie es in seiner Wohnung aussieht. Ist er Bücherliebhaber und leidenschaftlicher Literat? Hat er den Laden von seinem Vater übernommen, ungeliebt sowohl Vater als auch Laden? Ist er verheiratet, und wenn ja, ist es eine Joséphine, die zu ihm passt?

Es wäre ungehörig, das zu fragen, selbst wenn ich die Sprache besser könnte. Das müsste man anders anstellen, gemeinsam einen Kaffee trinken gehen, wenn er den Eingang mit dem Gitter versperrt hat. Aber so leicht geht der Buchhändler nicht mit einem wildfremden Touristen Kaffeetrinken.

Vielleicht hat er mich ja bemerkt, bemerkt, dass ich schon zum vierten Mal in seinen Laden komme und

ihn frage, bemerkt vielleicht, dass auch ich ein Bü-
chernarr bin. Vielleicht ist ihm das egal. Vielleicht will
er nur seine Ruhe nach Feierabend. So einfach knüpft
man im Ausland keine Kontakte.

Der Samoussa-Verkäufer

Kennengelernt haben wir ihn auf dem Markt in St-
Jean-du-Gard. Ein braungebrannter junger Kerl mit
Sonnenbrille und Kurzhaarschnitt, aufgeschlossen und
seinen Kunden zugewandt. Das ist nicht nur Verkaufs-
taktik.

Zum zweiten Mal sehen wir ihn überraschend auf
dem Markt in Anduze, zwei Tage später. Er erkennt
uns wieder, wir begrüßen uns ironisch herzlich, mit
ihm kann man Späße machen, merke ich. Wir kaufen
seine letzten Samoussas auf und verabschieden uns
polyglott, er auf Italienisch, ich auf Schwäbisch, in the-
atralischer Manier.

Zum dritten Mal wollen wir ihn treffen eine Woche
später, wieder in St-Jean. Dort steht er dann auch und
schlägt seine Fritierwaren los. Er begrüßt mich als
„Che“, weil ich heute das rote T-Shirt mit dem Gueva-
ra-Konterfei anhabe. *Viva la revoluçion!*, scherzen wir,
und am liebsten würde ich gleich mit ihm über Marx
und Engels disputieren. Wir nehmen fünf Stück von
jeder Sorte, er zählt sie noch einmal auf, aber wir kennen sie.

Ich frage ihn, woher er Spanisch kann, und er erzählt, dass er sieben Monate in Südamerika war, Chile, Argentinien und Brasilien, er hat einen Bruder in Buenos Aires. Als ich ihn nach dem Bruder frage, duze ich ihn aus Versehen, und als ich mich korrigiere, sagt er: Schon in Ordnung. Schließlich kennten wir uns ja, und Höflichkeit müsse ihre Grenzen haben. Jetzt hat er mein Interesse geweckt. Was er arbeite außer Samoussaverkaufen? Manchmal jobbe er noch als Kellner, er sei wöchentlich auf drei Märkten hier in der Gegend, das reicht offensichtlich, damit er sein Auskommen hat.

Ich spüre, dass er gern erzählen würde. Es gibt ja auch noch einiges zu fragen. Wieso ist er nach Südamerika gereist? Was ist mit Schule, mit Ausbildung? Was erwartet er von seinem Leben, welche Pläne hat er? Ein Lebenskünstler, der sich mit Falafel und *bœuf gingembre* über Wasser hält? Ein künftiger Auswanderer, der in der weiten Welt sein Glück suchen wird? Ein gescheiterter Arbeitsloser, der aus der Not eine Tugend gemacht hat?

Aber immer wieder kommen Kunden, wir stehen mit unserer fettfleckigen, warmen Tüte da und wollen noch über den Markt, es kommt immer etwas dazwischen, wenn man die Chance auf eine Lebensgeschichte hat.

Ob er am Donnerstag wieder in Anduze sei. *Mais oui!* Dann würden wir uns ja da noch einmal sehen. Ein letztes Mal. Sonntag fahren wir nach Hause. *Viva la revolución!*, scherze ich. *Hasta la vista!*, entgegnet er grinsend und hebt grüßend die Hand.

Am Donnerstag sind wir in Anduze auf dem Markt. Heute will ich meine Fragen loswerden. Ich habe über die Begegnung nachgedacht und finde, dass sich ein Gespräch lohnen würde. Außerdem bin ich neugierig. Ich bin immer neugierig auf Menschen und ihre Geschichten. Ich stelle mir vor, dass ich ihn fragen werde, ob wir die Unterhaltung auf Englisch führen können, dann verstehe ich mehr. Vielleicht lade ich ihn zu einem Kaffee ein, dann haben wir Zeit und Muße. Und wenn dies ein Roman wäre, dann wäre das auch geschehen. Ich hätte seinen Vornamen und Einblick in ein südfranzösisches Leben bekommen, ich wüsste, warum er nach Südamerika gefahren ist, und wir wären uns ein Stück näher gekommen.

Aber dies ist kein Roman. Auf dem Anduzer Markt sehen wir ihn nicht. An der vorigen Stelle ist er nicht und auch nirgends sonst. Ist er krank geworden? Hat er seine Pläne geändert? Wir werden es nie erfahren.

In den Cevennen

Heute ist es nicht so heiß. Zumindest in den Bergen. Wir fahren nach St-Jean-du-Gard und nehmen dann die Corniche, die den Höhenzug entlangführt.

Die kurvenreichen Auf- und Abfahrten sind wie in allen Mittelgebirgen: voller Panorama, Waldidyllen und Wildblumen. Aber alles ist südlich: die weißgelben

Blütensterne der Maronenbäume zwischen den dunklen Pinien, die Hochflächen mit ihren Buschheiden, die verfallenen Steinhäuser neben der Straße, die Berge, gestaffelt in Tiefenräumen. Anfangs herrscht Kalk vor, dann rotgrauer Granit. Der Laubwald reicht nur etwa bis zur Hälfte der Hänge, dann folgt schütterer Nadelwald und Buschwerk, dazwischen der helle Fels oder Geröllhalden, manchmal Ketten von Rifffelsen, doppelt übereinander gestaffelt, die ganze Länge hin. Es sind Bastionen, Festungswälle, Mauerzinnen der Natur, sie erzählen von der Dürre, die hier herrscht in den heißen Sommern, vom Durst der Landschaft, von der Kargheit der Ziegenweiden. Trotz Panoramastraße können wir nicht vergessen: Wir sind in Okzitanien.

Das Heu liegt gemäht und in Walzen auf den Almen. Einmal ein Kilometerstein am Straßenrand, oben gerundet, D 260 schwarz auf gelbem Grund, von Wolfsmilch umwuchert. In den wenigen Dörfern, durch die wir kommen, sind die Häuser aus Bruchstein, zerfressene Ecken und Mauern, sodass man nicht recht weiß, ob hier etwas ruinös brachliegt oder die Leute gerne so wohnen.

Ein typischer Weiler ist Le Pompidou. Gerade einmal hundertneunzig Einwohner hat er. Der Name, der mich an den französischen Staatspräsidenten denken lässt, leitet sich von einem okzitanischen Wort her: ein Podest mit einer Treppe. Welche Reden darauf wohl geführt wurden? Welche Proklamationen von Freiheit und Protest?

Es ist ein Ort ohne große Reden. Eher einer des selbstverständlichen Schweigens. Unter einem ausladenden Maronenbaum parken wir, hinter Büschen duckt sich eine kleine Kirche. An der Straße ein verputztes Haus mit Tischen und Plastikstühlen davor, sieht aus wie ein Treffpunkt, ein Ort, an dem man vorbeikommt und sich zu einem Pastis niederlässt. Die zweiflügelige Tür steht offen, Plakate hängen für Veranstaltungen in entfernten Orten. Das allfällige *Tabac*-Schild, eine Blechreklame wirbt für Limonade, alles schweigt wie außer Dienst gestellt für die heißen Mittagsstunden. Tatsächlich sind die Tische abends, als wir auf der Rückfahrt wieder vorbeikommen, gerammelt voll.

An einem weiteren Haus hängt ein Schild: *Table d'hôte*, Mittagstisch. Eine Zimmervermietung also, der Gast kann an der Familientafel teilnehmen. Das Schild ist umrankt von blühenden Rosen, eine wetterverderbte Holztür, nebendran sind Fensterscheiben gesprungen, und der gelbe Putz blättert. Wer steigt hier ab?, frage ich mich. Oder gilt das Schild gar nicht mehr? Bergwanderer vermutlich. Backpacker, die auf dem Stevenson-Weg unterwegs sind, die ihre *Gite d'etappe*, ihre Etappenherberge, selbst suchen. Ein einsamer Weg, hier in den Cevennen. Auch ohne Esel. Auf einer Tafel ist er aufgezeichnet, die verschiedenen Streckenabschnitte von Le Monastier bis St-Jean-du-Gard.

An den Wegscheiden stehen die Hinweisschilder stumm und duldend und weisen seit Jahrzehnten zu den Nachbardörfern. Mauern bröckeln, Häuser stehen leer und haben doch gardinenverhängte Fenster.

Wir fahren weiter und haben das Gefühl, dass erst jetzt die Zeit wieder zu fließen beginnt.

Auf der Abfahrt nach Florac liegt ein Autowrack im Graben. Es sieht nicht aus wie am Felsen zerschellt, eher wie umgekippt. Warum bleibt das da noch liegen?, fragen wir uns. Zur Abschreckung? Ist der Unfall erst kürzlich passiert? Hat hier einer sein Auto entsorgt? Es hat etwas Verstörendes, diese Lässigkeit der staatlichen Ordnung. Gerade in den Bergen hockt überall in den Winkeln Verwahrlosung und Anarchie, die Maschen des Gesetzes haben große Löcher. Aber eigentlich gefällt uns das.

Im Nachmittagslicht reihen sich die Höhenzüge hintereinander in eine lichte Ferne, in der es aus dieser Welt hinausgeht. Dort liegt die Goldküste oder das Wolkenkuckucksheim oder der Garten am Ende der Welt. Frieden liegt über dem Anblick, auch Einfalt und Reinheit. Man braucht nicht viel zum Leben. Aber man braucht eine Hoffnung. Eine Vision, eine fernsichtige Utopie, die nirgends liegt und deshalb genau dort, hinter dem Horizont, wo sich die letzten Berge auflösen in einem strahlenden, heiligen Licht.

Florac

Enge Straßen zwischen hohen Häusern. Klaustrophobisch die Durchfahrt mit Gegenverkehr. Dort finden wir einen Parkplatz, vor einem Wohnhaus. Fußgänger drücken sich auf halbmeterbreiten Pfaden vorbei hinter kleinen Eisenbrüstungen. Die Hänge steigen beidseits auf karge Höhen.

Bunte Transparente hängen über den Gassen, starkfarbig und wildgestaltig, ein bisschen Afrika, ein bisschen Indien, modern und archaisch zugleich. Später erfahre ich, dass morgen die Ausstellung eines Malers namens Guy de Rougemont eröffnet wird, der seine Installationen in der Stadt verteilt hat. Es gibt auch ein Zentrum, Esplanade Marceau Faralle heißt es. Dicke coupierte Platanen stehen in einer Doppelreihe, dazwischen drängen sich unter Markisen Tische und Stühle von Restaurants und Cafés. Die Läden sind klein, manche bieten Keramik und Kleider an, manche Cevennenhonig und Wurst, Maronenmehl und Kastanienkrem, manche alles auf einmal.

Wir bummeln. Wie schön Lena ist, seit wir hier unten sind. Sie trägt alles, wofür es ihr zuhause zu kalt ist, die leichten Sommerkleider, die Römersandalen, die Ballerinas, die ich ihr zum Geburtstag geschenkt habe. Ich liebe sie. Ich liebe es, sie die Straße entlanggehen zu sehen, den Sonnenhut auf dem Kopf, ihr unverwechselbarer Gang. Manchmal, wenn wir uns getrennt haben und ich sie in den Straßen nicht gleich erkenne, sehe ich eine Fremde und denke: Die ist aber kess. Und dann ist es meine Frau.

Hier aber trennen wir uns nicht. Wir setzen uns in ein Café und genießen die Zeit, die wir haben. Wir haben so viel davon, dass sie nicht zählt. Nur der Nachmittag zählt, in einem cevenolischen Bergstädtchen, der friedliche Gang der rotgesichtigen Touristen, das Gehabe der Halbstarken, die braungebrannten Monteure in ihren Lieferwagen, das oszillierende grüne Kreuz der *pharmacie*, der kremige Kaffee.

Während Lena auf der Toilette ist, bezahle ich. *L'addition, s'il vous plaît!* Der Kellner bleibt stehen, memoriert das Gebrachte im Kopf und sagt eine Zahl. Vierzehn Euro wie viel? Trant sagt er, ohne Nasal. *Trente?*, frage ich nach. Er nickt. Kein Wunder, denke ich, dass ich die Leute so schlecht verstehe. Schulfranzösisch ist das nicht, was hier gesprochen wird. Patois, sagen sie hier. Eingeborenensprache, Pidgin-Französisch, was weiß ich.

Während ich auf die Rückkunft des Kellners warte, bullert eine fette Harley an den Bürgersteig, und ein Biker in Jeansjacke mit den obligatorischen Aufnähern setzt sich an einen Tisch. Eine junge Französin füttert ihr Kind mit Eiskrem. Gegenüber, an der Hauswand, sitzt ein hagerer Waldläufer und philosophiert mit seinem Nebenmann.

Dann gebe ich sechzehn Euro und Lena kommt wieder.

Wir bummeln die Esplanade hinauf, vorbei an einer Poterie, tauchen in das dunkle Loch einer Unterführung unter den Häusern hindurch, kommen in einer Gasse heraus, so schmal, dass zwei Passanten sich unweigerlich berühren. Die Häuser zeigen Rückseiten, glatte Fassaden aus bröckelndem Verputz, Bruchsteinmauerwerk, verwilderte Innenhöfe, zerbrochene

177

Fenster, im Erdgeschoss ist ein Gelass voller Baugerümpel und ein Schild verbietet den Zutritt wegen Einsturzgefahr. Rue des Jardins nennt sich ein Hohlweg, der schmal zwischen Mauern entlangführt und über dem Fluss endet.

Wir kommen an einen Einschnitt zwischen den Häusern, wo es hinabgeht in ein von Farn überwuchertes Bett, aber unten gurgelt und schäumt es erfrischend, ein Bach, der von den Bergen herabkommt, das Städtchen durchquert und in den Fluss mündet. Wilde Flora am Ufer. Dazu gehört auch ein Feigenbaum, der schon erste Knollen ansetzt.

Wir erreichen die Brücke und sehen den Fluss aus den Bergen kommen, blau und kühl, über Geröll flimmernd. Am Ortseingang münden Tarnon und Mimette ineinander und heißen ab da Tarn. Wir sehen die Flussgärten auf den Mauern liegen, auf dem Hochgestad über dem kühlen Wasser, ein Mann arbeitet in den Beeten, seine Frau geht mit der Gießkanne.

Der Nachmittag neigt sich. Das Licht fällt schräger, die Schatten werden länger. Zeit zur Rückfahrt. Jetzt ist sie auf einmal wieder da, die Zeit, und bestärkt die Einsicht, dass alles sein Maß hat, lockt uns mit der Heimkehr, mit unserem Haus und einem Abendkaffee und vielleicht Essengehen in Anduze.

Hier ist man weit weg, sagt Lena. In einer anderen Welt. Einsam ist es in den Cevennen, kein Wunder, dass die Leute Maronen statt Getreide mahlten und dass die Camisarden hier ihren Guerillakrieg führten.

Die Häuser in der Avenue Jean Monestier sind in ihren Abendfrieden eingekehrt. Ein Haus leuchtet mit lavendelblauen Fensterläden. Hinter den Fenstern wird Essen gekocht, ausgeruht, ferngesehen. Kleine Eisengitter schmücken die Simse, die Eingänge haben Klingelnamen, direkt davor steht unser Auto.

Wieder frage ich mich, wie schon an so vielen Orten, die ich gesehen habe: Wir würde so ein Leben hier aussehen? Wer wärst du hier? Aber ich habe keine Lust, mich in Frage zu stellen. Dafür fühle ich mich zu wohl. Das Leben ist, was es ist. Überall auf der Erdkugel. Man kann nur das ausfüllen, was einem gegeben ist. Alles andere ist Traum, Utopie, Allheitsfantasie. Es ist eine grundsätzliche Fremdheit zwischen uns Subjekten, die wir nie überwinden werden. Das ist in Ordnung so.

Schatzsuche

Wir sitzen im Café unter Markisen, dicke Platanen um uns herum. Wir haben Zeit. Gegenüber gibt es einen Buchladen, der reizt mich. Der hat es mir angetan. *Midi libre*, der weiße Schriftzug auf rotem Grund. Die Zeitung kaufen wir in Viertagesabständen wegen der Wetterprognose. Vollgestopft mit Papier ist das enge Gelass. Lange ignoriere ich es, dann denke ich: Wenn nicht jetzt, dann nie.

Bin gleich wieder da, sage ich zu Lena.

Beim Eintreten riecht es nach Papier und Drucker-
farbe. Nicht nach Büchern, sondern nach Kiosk. So
hat es, fällt mir ein, in dem Schreibwarenladen in der
Alteburgstraße gerochen, in der ich als Kind wöchentlich mein Comic kaufte. Das Rad vor der Eingangstür
abgestellt, ein Kaugummiautomat, das Suchen zwischen den Heften und das Aufleuchten des verheißungsvollen Covers. Die Extra-Zugaben in jedem
Heft, Mondglobus und Buchstabenschablonen und ein
Geschicklichkeitsspiel zum Zusammenstecken. Ein
Schatzsuchergefühl war das.

Dasselbe Gefühl überkommt mich hier, in diesem
französischen Buchladen. Eine Gier und bang-
kindliche Erwartung. Die Regale sind brechend voll,
überall Bücher, Zeitschriften, Comics, Landkarten,
Fotobände, Zeitungen, gerade die Alltagsschriften rei-
zen mich, man erfährt viel über eine Gegend, wenn
man ihre Alltagsschriften studiert: die Abhandlungen
über regionale Botanik, die Annoncenblätter und
Kochrezepte, die Kinderbücher und Bastelbeilagen,
die Frauenzeitschriften und Automagazine. Alles ist
fremd für mich, voller Reiz, alles erzählt von einem
Leben, das ich nicht kenne.

Ich stoße auf die Neuauflage eines alten Comics,
Bécassine heißt es, ein rundgesichtiges Hausmädchen
mit Haube erlebt Abenteuer in der Schweiz oder im
Mädchenpensionat oder an der See, sie muss eine
Kultfigur sein, denke ich, so etwas wie der deutsche
Struwwelpeter. Der Band liegt leicht und steif in der
Hand, er duftet, ich schaue mir das Lettering an, anti-

quiert, eine Bildergeschichte nostalgischen Zuschnitts. Gern würde ich darin stöbern, in dieser französischen Vergangenheit, gern würde ich den Band zuhause haben. Ich nehme ihn, verzagt. Da kommst du sowieso nie ran, denke ich.

Dann halte ich einen der bekannten Hardcover-Alben von Asterix in die Hand, in Originalsprache, einen den ich gut kenne, damit ich schon weiß, worum es geht. Einen, der zu Südfrankreich passt, denn ich werde ihn schon hier lesen. *Asterix en Corse* etwa. Er soll meine Eintrittskarte sein in die französische Welt des Buches.

Ich frage am Tresen nach *Spirou*, aber den haben sie nicht da. Die Frau ruft dem Buchhändler zu, der von hinten aus seinem Verschlag kommt, wo noch mehr Regale mit Druckerzeugnissen sich drängen. Er schaut die Bände durch, findet aber, genau wie ich, nichts. Schade. Hätte gut in meine Sammlung gepasst, die ich schon habe. *Bédé* sage ich statt *bande-dessinée*; ein Kürzel der Umgangssprache, weiß ich, es kostet mich Mut, es zu gebrauchen, gibt aber ein gutes Gefühl, vor allem, wenn der Buchhändler dabei mit keiner Wimper zuckt.

Die Ganze erinnert mich auch an ein Erlebnis während des Schullandheim-Aufenthalts in der achten Klasse. Mein Freund und ich lasen damals Marvelcomics, holten uns wöchentlich die neuen Fantastischen Vier oder die Spinne am Kiosk. Als wir im Schullandheim einen Tagesausflug in die Vogesen machten, fand mein Freund im Kramladen eines französischen Städtchens einen Superheldenband, den es in Deutsch nicht gab. Mehr noch: dessen Geschichten in Deutschland nie veröffentlicht worden waren. Ich beneidete meinen Freund heftig. Noch Wochen später knobelten wir über den französischen Sprechblasen und versuchten herauszufinden, wo die Geschichten in die uns bekannten Reihen einzuordnen waren.

Und es gab eine Zeit in meinem Leben, da träumte ich nachts oft davon, in einem fremden Land Comicbände zu finden, stapelweise, die es nie gegeben hat und die ungeahnte Abenteuer bereithielten.

Als ich hochzufrieden den Buchladen verlasse, wird mir klar, dass ich deshalb das Comic gekauft habe. Der Kauf bringt dieses Gefühl zurück, die Abenteuerlust, das Erbeuten von Schätzen in fremden Ländern.

Lena sagt: Er ging und ward nicht mehr gesehen.

Wieso?, frage ich.

Du hast gesagt, du bist gleich wieder da!

War ich ja. Hab halt ein bisschen rumgeschaut.

Nicht einmal in Frankreich ist ein Buchladen vor dir sicher.

Weißt du, sage ich, setze mich und drehe mir eine Zigarette, ich beneide die Franzosen, dass sie Französisch können. Alle diese Bücher da drin, die wollte ich lesen können.

Was stünde da anderes drin als auf Deutsch?

Ich weiß nicht. Dass ist es ja. Man muss es erst herausfinden. Vielleicht eröffnen diese Bücher ganz neue Welten, Einblicke, die man auf Deutsch nicht bekommt.

Das ist nur das Unbekannte daran, erwidert Lena. Wenn du dieselben Bücher auf Deutsch vor dir hättest, würden sie dich nicht die Bohne interessieren.

Vermutlich. Aber das ist nicht der Punkt. Der Punkt ist: Es sind französische Bücher. In einem französischen Laden, verkauft an Franzosen. Ich werde nie wissen, wie es sich anfühlt, als Franzose diese Bücher zu lesen.

Will ich gar nicht wissen, meint Lena und löffelt ihren Eisbecher. Birne mit Schokosoße. Ich bin als Deutsche ganz zufrieden.

Minerva

Es ist ein enges Lädchen mit zwei Räumen hintereinander. *Mylène Mycoton* steht darüber, Milena Halbwollen. Eine jener Boutiquen, die es zuhauf gibt, mit Pachouliduft und bunten Armketten, mit Regenrohren und afrikanischen Masken, mit allerlei Krimskrams, zwischen dem sich doch hin und wieder eine Kostbarkeit verbirgt. Wie hier. Im hinteren Raum entdecke ich einige Regale voller Keramik und steuere darauf zu. Auf den ersten Blick sehe ich, dass es sich nicht um die übliche Massenware handelt.

Ich fühle mich, als träte ich bei einer Ausgrabung vor die geöffnete Gruft und ihre Kleinodien. Ich nehme eine Teeschale in die Hand, ein Terrakottagefäß fast, eine römische Opferschale, ein kretischer Räucherkelch. Der Brand ist krustig, ziegelrot und ockergelb, mit dunklem Umbra gebändert, dazwischen glimmert es, Hitzeschorf wie Lavaasche, unverkennbar Raku.

Die Verkäuferin tritt herzu und will sie mir preisen, das ist unnötig. Ich nehme sie ohnehin.

Raku ist heutzutage ja in Mode, sage ich.

Sie will mir erklären, dass Raku eine Brennmethode ist, aber da trägt sie Eulen nach Athen. Eine Künstlerin aus der Gegend habe die Sachen gemacht, regionales Handwerk also, ich sollte mir die Visitenkarte geben lassen, vergesse es aber über meiner Begeisterung.

Normalerweise wäre es damit genug, Teeschalen sind meine favorisierte Beute, aber dann schaue ich mich doch noch einmal um. Die Ladenbesitzerin zeigt mir eine Okarina von derselben Töpferin und spielt mir darauf vor. Kinderweise aus einem chthonischen Instrument. Dann entdecke etwas, das mich sofort fesselt.

Eine Figur mit Spiralen als Augen, einem Hakenschnabel und spitzen Ohren, ein Antlitz so stark vereinfacht, dass es etwas Magisches hat. Eine Eule. Die Brennart ist die gleiche, in meinen Händen drehe ich die Figur und finde die Brandstellen, die grob gepinselte Glasur, den Schorf, die archaischen Riefen und Rillen, als hätte man sie bei Ausgrabungen auf den Kykladen gefunden oder in Pompeji oder auf der Osterinsel.

Es soll als Spardose dienen, dazu hat die Töpferin einen Schlitz in den Kopf geschnitten, aber in Wahrheit ist es ein Fetisch. Eine Votivfigur für bacchanalische Mysterien, ein Vogelopfer, eine Sagengestalt aus unbekannten Kulturen, ein minoisches Eidolon. Eule, Symbol der Weisheit. Athene, wissende Göttin. Minerva mitten in den Cevennen.

Ich weiß, ich brauche diese Figur um mich. Ich brauche ihr strenges, mildtätiges Gesicht, ihren gleichmütigen Blick, ihre sphingische Miene, um täglich hineinzuschauen und mich des chthonischen Ursprungs aller Weisheit zu erinnern. Von Erde sind wir gemacht, zur Erde kehren wir zurück. Die Erde trinkt und trägt, nimmt den Himmel auf und das Licht aus den Höhen, verwandelt es in das Muttergeheimnis aller Schöpferkunst. Der Pflug zieht durch die Krume, die Quelle windet sich durch den Stein, der Mensch nimmt den Ton und formt ihn auf der Zauberscheibe zu jenen Wesen, von denen er sich umgeben sieht, denen er danken will, doch imgrunde dankt er nur dem Einen, der über allem steht.

So sind wir entstanden, denke ich. Aus begeistetem Lehm. So tragen wir den Brandschorf und den Glasurstrich und das sybillinische Rätsel unserer Herkunft an Leib und Antlitz. So sind wir Idole und Götzen, Bilder und Gleichnisse, so ähneln wir einander und sind doch jeder einzigartig.

Minerva muss ich um mich haben. Ihr mythisches Schweigen, ihr unsichtbares Lächeln, ihre Heiterkeit und Großmütigkeit werde ich brauchen, wenn ich wieder zuhause bin.

Als die Verkäuferin sie mit der Schale einpackt, ist es, als hätte die Minerva einen Namen erhalten, einen persönlichen, einen mythologischen, ein Personales wie eine Maske, durch die die Leere hinter allen Dingen zu mir spricht. Sie ist so sehr ein bestimmtes Ding, dass sie mir wie ein Wesen vorkommt, ein kleiner Daimon, den ich mir in die Stube stelle und der mir die geistige Welt kinderhaft und warmherzig in den Alltag holt.

Erst als ich wieder draußen bin, fällt mir ein, woran mich die Gestalt noch erinnert: an ein Fabelwesen aus einem japanischen Kinderfilm. Totoro heißt der Wicht, wohnt unterm Eichbaum und kann wachsen bis zum Himmel. Ein stummer, zauberkundiger Nachbar. Ein guter Geist. Minerva zum Nachbarn zu haben, denke ich: das ist eine treffliche Sache.

Hitze

Das Thermometer draußen steigt auf fünfunddreißig Grad. Sonst kühlt es nachts erheblich ab, aber nun, in dieser Hochdrucklage, sitzt die Wärme im Haus. Der Himmel wolkenlos und von einem fast bedrohlichen Blau. Ein dramatischer Himmel, der die Reglosigkeit des hohen Mittags Lügen straft. Die Farben glühen düster, das Land knistert unhörbar unterm Strahlenfall.

Sobald ich aus dem Haus trete, heißt die Hitze mich mit stickiger Umhalsung willkommen. Sie legt sich um mich wie eine schwerer Mantel, und ich habe gleich keine Lust mehr, mich überhaupt zu bewegen, geschweige denn kilometerweit durchs Land zu fahren.

Um diese Zeit haben die Läden geschlossen und die Restaurants keine Küche. Auf Postkarten wird mit lustigen Sprüchen die *sieste* sanktioniert. Sehr vernünftig. Nur wir, wir denken, mitten am Mittag einen Ausflug machen zu müssen.

Sobald wir uns ins Auto setzen, werden die Seitenfenster heruntergelassen und das Schiebedach geöffnet. Nur einen Spalt, damit die Gitterung der Scheibe die Sonne abhält. Dann schnell losfahren, damit der Fahrtwind hereinweht, der selbst backofenheiß ist. Immer schaut man nach Schattenparkplätzen aus, und wenn man einmal das Auto in der prallen Sonne parken musste, entlässt man beim Öffnen der Türen einen Hitzeschwall. Lenkrad und Armaturen sind unberührbar, und auf dem Blech könnte man die berühmten Spiegeleier braten, wenn man bei dieser Hitze Lust auf Gebratenes hätte.

Lust haben wir nur auf Wasser. Am besten die ganze Flasche über den Kopf gießen. Der Mund trocknet immer wieder aus, das Rauchen macht keine Freude.

Und dann stehen vor La Bollène im Stau. Eine Baustelle auf dem Autobahnzubringer, ein Unfall oder wasweißich, jedenfalls geht nichts vorwärts, und der brütend heiße Asphalt strahlt die Hitze noch zusätzlich ab. Lena schaltet die Lüftung ein. Ich bin klatschnass vom Schweiß, das Windchen aus den Plastikrippen kühlt ein wenig. Ohne Sonnenbrille halten wir das grelle Licht nicht aus.

Wir stehen am Ende einer Brücke über den Rhônekanal. Das graugrüne Wasser strömt kaum, am Straßenrand beginnt ein Dickicht aus Pappeln und Buschwerk. Aus diesen grünen Wällen dringt schrill und nervtötend das Zirpen der Zikaden, lauter als die laufenden Motoren, lauter als alles. Ich komme mir vor wie von der Wildnis eingekreist, und die Natur setzt zum Zertreten der Eindringlinge an.

Ein Kreisverkehr folgt hier dem nächsten. Immer noch ist die Autobahn angeschrieben, nach Marseille, nach Paris, immer noch auf grünen Schildern die parallelen Landstraßen. Wann geht es endlich ab nach La Bollène und weiter in die Drôme? Raus aus der Hitzefalle des breiten Rhônetals!

Einige Fahrer vor uns steigen aus und spähen. Was ist los?

Ein Königreich für ein bisschen Fahrtwind.

Die Luft steht hier am Fluss, sie ist ein zäher, heißer Stoff, der sich nur atmen lässt, weil es nicht anders geht. Ich spüre, wie die Rückenlehne des Sitzes nass wird von mir. Ich fächle mir mit dem Hut Luft zu. Die Zikaden schrillen, die Wildnis brütet.

Endlich ein paar Meter rollen, zögernd löst sich die Fahrzeugkette voneinander, wir rollen auf einer einsamen, öden Asphaltbahn im Niemandsland. Wie viele Autos fahren hier täglich in flottem Tempo vorbei und achten nicht darauf, wo sie sind? Dass jenseits der Straßenkante ein Reich beginnt, in dem der Mensch nichts verloren hat. Er hat es geschaffen, aber dann aufgegeben, ödfallen lassen, Schuttplätze, Bahndämme, Sandgruben, Senken und Sumpf, in denen das wasserliebende Unkraut wuchert, wo Wesen schlüpfen und sich Nahrung verschaffen, die niemand kennen will.

Mich schaudert, trotz der Hitze.

Dann kommt nach weiterem Rollen eine Baustellenampel in Sicht, und jetzt ist wenigstens die Ursache klar.

Befreit atmen wir auf. Nun ist es absehbar.

Schließlich, nach einer halben Stunde, fahren wir weiter, der Fahrtwind kühlt augenblicklich, die Stirn atmet in der Brise auf, die Bleischwere löst sich vom Kopf.

Der nächste Kreisverkehr, dann sind wir in La Bollène, und am Ortsausgang, dem Wegweiser nach Nyons folgend, geraten wir auf eine Platanenallee. Ein kühler Schattentunnel, ein Gewölbe aus Blattwerk, von scheckigen Stammsäulen gestützt. Lena gibt Gas, die Fahrbahn ist leicht gewellt, rechterhand leuchtet ein Sonnenblumenfeld auf.

Man darf nicht stehenbleiben, denke ich, in dieser Hitze. Ruhen im Schatten, ja, aber nicht stehenbleiben und dann nicht weiterkönnen im grellen Licht des mediterranen Gestirns. Das wäre der Tod. Anheimgefallen der Wildnis aus Licht und Hitze, einer Hitze, die alles verwildert, vielleicht sogar die Menschen, die Moral lächerlich macht und große Gefühle zerfallen lässt wie mürbes Holz. Hier hält nichts stand, nur Erde, Stein, Stamm und das widerspenstige Grün.

Aber irgendwie – ich weiß nicht weshalb, ich wage es nicht, mir Rechenschaft darüber abzulegen – liebe ich diese Hitze! Diesen Kampf wie gegen eine Meeresbrandung: Zuerst wird man umgeworfen, dann lässt man sich tragen, treibt von selbst in purem Leben. Dieses Sichversorgen und Aufsichachten, dieser Ausnahmezustand, diese Außergewöhnlichkeit der Landschaft und der Stunden, die nichts harmlos und selbstverständlich belässt – das suche ich.

Dann weiß ich, dass ich lebe.

Dann geht jeder Gedanke wie über raue Borke und reibt sich müde.

Dann schleift sich alles ab aufs Wesentliche.

Ja, ich liebe die Hitze.

Die Musketengrotte

Es geht über kurvige Sträßchen in die Cevennenberge hinein, immer höher, vor Mialet in einem Seitental, das sich dem Gardon de Mialet zuneigt. Es wird immer einsamer, und schließlich endet die Straße im Talende weit oben.

Ein Parkplatz, ein modernes Eingangsgebäude, eine himmelhohe, nadelspitze Zypresse davor. Die Hänge umschließen den Ort wie ein Amphitheater. Ringsum das Zikadenkonzert laut und schrill, ein griechischer Tragödienchor, überhaupt fühlt man sich wie im kretischen Inselinnern, erwartet sonnengebleichte Ruinen und heidnische Götter. Das Gebäude, in dem sich der Eingang zur Höhle befindet, heißt uns willkommen wie ein attischer Tempel, weiß und stumm in der Mittagshitze. Fahrt in die Unterwelt? Südfranzösische Odyssee? Wir sind gespannt.

Mir sind Höhlen, besonders Höhlen im Kalk, von meiner Heimat, der Schwäbischen Alb, her vertraut. Mit Bildung und Formenschatz kenne ich mich aus. Es macht also nichts, wenn die Führung auf Französisch ist und ich wenig verstehen werde. Mich interessiert vor allem, wie reichhaltig die Sinterbildungen sein werden.

Im Foyer erwartet uns eine Boutique mit dem üblichen Nippes, von Honig über Wein zu Keramik und Schmuck und die allfälligen Santons. Die nächste Führung beginnt in zwanzig Minuten, da haben wir noch Zeit, uns den fremdsprachigen Führer zu kaufen und uns zu informieren. Wir haben eine eingeschweißtes Blatt mit deutschen Erklärungen zu den verschiedenen Abschnitten der Höhle erhalten und bekommen eine Vorstellung davon, was auf uns wartet.

Die Grotte de Trabuc heißt nach den *trabucs*, den Musketen, die die Banditen dieser Gegend im vorigen Jahrhundert als Waffen trugen; sie haben sich in den Höhlen ringsum versteckt und von dort aus ihre Streifzüge unternommen. Auch Waffenlager und Schatzhorte wurden angelegt. Zuvor, im achtzehnten Jahrhundert, hat die Höhle den Camisarden als Unterschlupf gedient, und natürlich muss man von steinzeitlicher Besiedlung ausgehen.

Wir warten, essen ein Eis, dann ruft die junge blonde Französin von der Kasse die Teilnehmer zusammen. Mit uns geht ein junges französisches Pärchen und eine ältere Dame mit ihrem Enkelkind.

Der Eingangstunnel, vierzig Meter lang, wurde künstlich angelegt. Entdeckt und erforscht wurde die Höhle von unten her, von ihrem natürlichen Eingang im Tal aus. Die Höhle ist nur im oberen Teil für Besucher zugänglich, im unteren kann man nach Anmeldung mehrtägige Safaris unternehmen. Die Abschnitte sind von den Entdeckern, wie immer, mit speläologischer Fantasie benannt worden: große Chaos-Halle, Windloch, Teufelspunkt, Orengo-Wasserfall, Passage von Tausendundeinernacht.

Bald geht es Eisenstiegen hinab, die Luft wird kühler. Lena ist froh um ihre Jacke, ich gerate bald ins Schwitzen. Unten erwartet uns der Hades wie eine verschlungene Kathedrale. Die Gong-Halle, in der von der Decke eine riesige Sinterbildung hängt, das Elefantenohr. Es schimmert weiß und fast gläsern in seinen Mineralienfarben. Es schwingt, steht im Führer. Es gibt die Vibrationen der Umgebung wieder und macht Geräusche. Unheimlicher Gedanke, da es doch bloß aus Kalzit besteht.

Die anschließenden Gewölbe sind weiträumig. Neben dem Eisenweg für die Besucher fließt überall Wasser, es tropft und plätschert. Der Sinter hat kleine Dämme gebaut, die das Wasser in gestaffelte Becken fassen; manchmal wölbt sich der Sinterrand empor und formt anmutige Muscheln. Kalzitperlen liegen darin und bilden sich noch immer. Die Wände allerdings, fällt mir auf, sehen aus wie abgeschnitten, man sieht noch die Bankung der Kalke. Kein Schlüssellochprofil, das so typisch ist für wasserführende Höhlen. Der Wasserfluss, der die Sinterablagerungen hervorgebracht hat, muss in bereits bestehende Hohlräume eingebrochen sein.

Ein Wasserfall ist effektvoll in Szene gesetzt, das grüne Wasser schimmert geheimnisvoll, weiß gischtet es über die elfenbeinfarbenen Kalksäulen. Die Lichter werden von der Führerin nacheinander angeschaltet und beim Weitergehen wieder gelöscht. Einmal schickt sie das Enkelkind voraus ins Dunkel zum nächsten Lichtschalter und leitet sie mit einem Laserpunkt.

Ich beobachte das französische Pärchen. Er ist ein braungebrannter, zugänglicher junger Kerl im kurzärmeligen Hemd, sie ein Mademoisellchen in Tuchschuhen mit Gummikappen und einem kurzen Kleidchen, darüber eine Strickjacke. Sie macht große Augen und staunt; sie steht mit gegeneinander gekehrten Fußspitzen da, vergräbt die Hände in den Taschen, wedelt mit den Jackenhälften, schmiegt sich an ihren Freund an, ihr hohes Stimmchen, fragend, sichwundernd, passt nicht in diese unterirdische Wunderwelt. Sie spielt das Kind, das die Enkelin nicht mehr ist. Der Freund kommt mit der blonden Führerin ins Gespräch, und jetzt steht sie dumm daneben und macht gute Miene zum bösen Spiel.

Am Mitternachtssee, dessen Wasserspiegel übers Jahr stark schwankt, lehne ich am Geländer und schaue hinunter ins illuminierte Wasser. Der junge Kerl lehnt neben mir, wir blicken beide hinein in Charons Mitternacht, und irgendwie fühlt er sich bemüßigt, mich auf Englisch auf die Tiefe des Sees hinzuweisen.

Fifteen meters, sagt er. Vielleicht hat er gemerkt, dass Lena und ich kaum etwas von den Erklärungen verstehen und uns derweil eingehend umschauen, vielleicht will er uns einbeziehen, ein Zeichen der Anteilnahme, der Verständigung.

I know, sage ich. Ich hab es gelesen, und zeige mein Folienblatt mit den deutschen Erläuterungen vor, das wir mit uns herumtragen.

Oh, sagt er verlegen. Aber ich bedanke mich bei ihm, denn es war gut gemeint. Ein aufmerksamer Mensch, der mitdenkt. Solche Rücksichtnahme in sprachlichen Dingen ist bei Franzosen selten. Vielleicht ist ihm aber auch nur sein Weibchen auf die Nerven gegangen mit ihren Lolita-Ambitionen, und er suchte Männerkontakt.

Ich war gespannt, wie reichhaltig die Sinterbildungen sind. Ob sie mit den heimatlichen Höhlen mithalten könnten. Tatsächlich aber übertreffen sie sie. Da wälzen sich glattraue Lavaströme über Versturzhalden, da stehen hunderttausend chinesische Tonsoldaten vor der Chinesischen Mauer, da hängen Medusen an der Decke, glotzt ein Walrosskopf mit Barthaaren, steigen gotische Kanzeln, dröhnen stumm barocke Orgeln, wehen Vorhänge aus Seide und schwerem Brokat, ein Schmetterling breitet seine knöchernen Flügel, an den Wänden kleben monströse Zikaden oder die eklen Larven irgendwelcher Aliens, ein Kabinett wahrhaft alptraumhafter Formen, die der dunklen Fantasie eines H. R. Giger entsprungen sein könnten. So etwas habe ich auf der Alb noch nicht gesehen.

Die hunderttausend Soldaten sind eine weltweite Einmaligkeit. Es sind keine Stalagmiten, stattdessen vermutet man eine elektrochemische Entstehung, weiß aber nichts Genaues darüber, während die zentimeterhohen, wulstig aufgetürmten Spitzen sich immer weiter bilden. Ich kann die Metapher von den Tonsoldaten nachvollziehen, als wir die Halle mit dem nagelbretthaften Boden betreten; aber ich hätte als Entdecker eher die borealen Wälder der Tundra darin gesehen, die hunderttausend Spitztannen jenseits des Polarkreises mit ihren hunderttausend Schatten im Mitternachtslicht.

Eine Dreiviertelstunde sind wir im kühlen Bauch der Erde, und oben nimmt mich der heiße Backofen des Cevennennachmittags in Empfang. Ich schwitze noch vom Treppenaufstieg und schwitze in der Wärme gleich weiter.

Draußen auf dem Parkplatz sitzen wir am Auto, ich rauche, Lena wärmt sich in der Sonne auf. Der Platz leert sich, Besucher werden jetzt wohl keine mehr kommen. Der Gesang der Zikaden dräut wie der tragische Chor eines antiken Dramas, nur dass nichts passiert. Die Maquisbüsche stehen reglos, das Tal schweigt. Epidauros über Mialet. Wir probieren das Echo aus, es kommt kurz und präzise, uns wird ein wenig unheimlich, wie da unsere Worte von den Hängen widerschallen, als wollte uns das Schicksal aufrufen. Zu welcher tragischen Tat? Zu welcher untragbaren Schuld?

Es ist halbsechs, unten im Tal begeht man genussvoll den Feierabend. Wir werden herabfahren von der einsamen Höhe, herab aus dem verborgenen Heiligtum der Kalzite und Wasserläufe, wir werden an der Pont des Abarins das Wasser wiedersehen, das hier durch den Stein läuft, wir werden nun wissen, woher es kommt und welche finsteren Kavernen es durchströmt, bevor es zutage tritt in Quellen und Bächen. Und in Anduze wird der Abend in vollem Gange sein.

Mas Soubeyran

Die geflickte Teerstraße endet auf einem schattigen Parkplatz. Zikadenschrillen ringsum in den Steineichen und Erdbeerbäumen. Das Mas ein verwinkeltes Häuserensemble, erbaut aus Bruchsteinen und Hohlziegeldächern. Darin das *Musée de Désert*, die Geschichte der Protestantenverfolgung im katholischen Frankreich. Das Gassen- und Hinterhofgewinkel des Bauwerks zieht mich an. Sechs oder sieben Häuser durch Gänge, Mauern und Höfe miteinander verbunden, immer wieder kommen wir an abgelegene Plätzchen, weinumrankte Innenhöfe, Gassen, die im Nichts enden. Aus einer Treppenfuge wächst ein kleiner Feigenbaum. Die Mauern wuchtig, burgartig, zinnenbewehrt, die Ziegeldächer grau und rot, immer endet der Weg unter blauem Himmel und Zikadengeschrei. Im Schatten zwischen den Cafés schen den Cafés sitzen zwei Mädchen und spielen mit ihren Mobiltelefonen. Bunt glänzen Ansichtskarten, *Salon du thé* lockt ein Schild, eine Boutique hat Sommerkleider aushängen. Blumenkübel, Blütenranken, Olivenbäume in Töpfen. Als ich eintrete, arbeitet eines der Mädchen hinter der Theke, *bonjour Madame*, dann entdecke ich das zweite Mädchen auf der Leiter. *Mesdames*, korrigiere ich mich, ich habe mich versteckt, sagt sie und lacht.

Das Wüstenmuseum

Das Musée de Désert im Mas Soubeyran. Die Ausstellungsräume, wenn man dem Rundgangpfeil folgt und sich nicht in den Winkeln und Gässchen des Mas verirrt, sind teils mittelalterlich düster, teils renaissanceträchtige Repräsentationszimmer. In den Fenstern schwimmt Licht, das Fensterkreuz gibt eine pathetische Symbolik. Alte Folianten hinter Glas, Orden und Plaketten, Münzen und Flugschriften, riesige Ölgemälde in massigen Rahmen, rasch merke ich, dass mich die Geschichte der Protestanten in Südfrankreich nicht sonderlich interessiert. Nicht heute, nicht hier.

Ich erfahre immerhin, dass die Protestanten durch Bibelverkäufer aus Genf, Calvinisten also, bekehrt worden sind. Anduze war eine Hochburg der Hugenotten, wie man das schweizerische „Eidgenossen" verballhornt hatte. Dort errichtete der Herzog von Rohan sechzehnzwanzig eine starke Festung, deren

Überrest die Tour d'Horloge ist. Später, unter dem Sonnenkönig, sollten alle Sekten zwangsbekehrt werden, und der Widerstand gegen Verfolgung und Terror verkörperte sich in den Camisarden, die eine Wüstenkirche gründeten und sich mit Überfällen und Scharmützeln zur Wehr setzten. Der Name stammt von dem languedokischen Wort *camiso* für das bloße Hemd, das sie trugen. Einer ihrer berüchtigsten Anführer, Pierre Laporte, genannt Roland, wurde hier im Mas Soubeyran geboren. Deshalb hat man das Museum neunzehnhundertzehn auch hier eingerichtet.

Hugenotten, denke ich. Die Familie meiner verstorbenen Mutter soll von Hugenotten abstammen, die nach Deutschland geflüchtet sind, damals. Der Familienname beinhaltet das Fremde, Südländische, das Welsche, und immerhin gab es einige Prediger und Missionare in unserer Familie.

Das Einzige, was ich vom Gesehenen behalte, sind der zusammenschraubbare Abendmahlskelch und die als Weinfass getarnte Kanzel, weil die Camisarden ständig fluchtbereit sein mussten und die reformistischen Schäfchen überall verstreut waren.

Was mich auch beeindruckt, ist das Gemälde einer gewissen Jeanne Lombard, das eine dieser Versammlungen in der Wüste, in der Abgeschiedenheit der Cevennen darstellt. Ein stilles, friedliches Bild in sparsamen Farben und ruhigem Strich, die Gläubigen stehen unter den Bäumen und lauschen dem Wort des Predigers von der Fasskanzel; klare Formen und ein Licht darin, das in seiner Größe und Einfalt die Stille des gläubigen Herzens widerspiegelt.

Draußen im modernen Foyer des Museums, das in hellem Widerspruch zu den Felsgängen und Kemenaten der Ausstellungsräume steht, schaue ich mir die angebotene Literatur an. Über die Camisardenkriege gibt es eine Broschüre, mit deutscher Übersetzungsbeilage kostet sie dreißig Cents mehr.

Ich blättere darin, aber es ist ein schauderhaftes Traktat. Düstere Holzschnittdrucke erklären die geschehenen Gräueltaten, künden enthusiastisch vom Prophetengeist, der die Gläubigen überfallen hat, schwärmerisch zogen sie auf Gottes Befehl in den heiligen Krieg und verübten nicht weniger Grausames. Eines wird mir klar: Es ist ein historisches Erbe, das viel mit dem Selbstbewusstsein und der Identität dieses Landes zu tun hat. Wir sprechen die Langue d'oc, die Sprache des Oc, des Ja, lautet ein Spruch: Aber wir sind das Land des Nein.

Sie interessieren sich für die Camisarden?, fragt mich die Frau am Verkaufstresen.

Ich bin selber Protestant, sage ich. Ich interessiere mich für alles Okzitanische. Für die Sprache, für die Geschichte, für die Zeit der Troubadoure an den Fürstenhöfen, für den ständigen Widerstand gegen den Zentralismus in Paris. Dann beobachte ich prüfend ihr Gesicht, ob sich dort etwas regt.

Es regt sich nichts. Ich wollte provozieren, ob sie nun überzeugte Protestantin ist oder patriotische Okzitanierin. Ich wollte sehen, was passiert, wenn man auf das historische Erbe zu sprechen kommt.

Aha, sagt sie nur, deshalb also das T-Shirt, und deutet auf den Occitània-Schriftzug. So leicht, denke ich, kommt man also über das Land nicht ins Gespräch.

Als wir wieder draußen sind, im heißen Bergnachmittag, verfliegt das Düstere der Vergangenheit rasch. Was immer an Unrecht und Grausamkeit hier geschah vor dreihundert Jahren, es ist nicht mehr da. In den Köpfen der Menschen vielleicht, in der okzitanischen Seele, vielleicht noch im Nebeneinander der Protestanten und Katholiken hier, in Südfrankreich. Vielleicht noch in einigen Familienstammbäumen und Urgroßvaterlegenden, aber nicht im Schrillen der Zikaden, im flirrenden Schatten der Eichen, in der beschaulichen Stille dieses Ortes.

Baden im Gardon

Oft fahren wir das Tal des Gardon entlang, ein Blick aus dem Seitenfenster durch die Bäume hindurch auf Steinklippen und Schotterinseln, auf goldflimmerndes Wasser und blaugrüne Becken, und wir sehen Menschen da unten auf Handtüchern liegen und als Kopffüßler im Wasser schwimmen. Oft haben wir uns gedacht: Das müssen wir auch einmal versuchen. Aber wie kommt man da hinunter? Wo parkt man? Welchen Weg nimmt man, ohne sich mühsam durchs Dickicht

zu schlagen oder stundenlang in der Hitze abzu-
schleppen?

Diesmal kommen wir aus den Bergen und fahren ins luftige, sommerliche Mialettal hinein, und der Gardon de Mialet, der sich vor Anduze mit dem Gardon de Saint-Jean zum Gardon d'Anduze vereinigt, ist ganz nah. Auen, Bäume, Steinhäuser. Dann eine Lücke in der Steinmauer am Straßenrand, wir halten und haben es plötzlich eilig. Badezeug haben wir nicht dabei, und eigentlich sind wir auf dem Nachhauseweg, aber spontane Aktionen haben ihren eigenen Sinn.

In Sandalen machen wir uns auf den Weg und denken uns, als wir die lärmenden Stimmen unten am Fluss hören, dass es ja einen allgemeinen Zugang geben muss. Rasch kommen wir an kleine Felstreppen, steigen hinab und stehen im Sand am Ufer. Das eine Ufer liegt in der prallen Sonne, am anderen zieht sich Baumschatten und die dunkle Stromrinne dahin.

Schuhe aus und ins Wasser. Es ist erstaunlich warm für ein fließendes Wildgewässer, aber der Fluss ist seicht und strömt die meiste Zeit in der Sonne. Staksend erreiche ich das andere Ufer, ohne dass die Shorts nass werden. Dann aber trete ich in die Stromrinne und tauche bis zu den Oberschenkeln ein. Egal. Trocknet alles wieder.

Das Aussteigen aus der Rinne auf die Felskante erweist sich als schwierig, der Moosbewuchs hat den Stein seifenglatt gemacht. Die Hose wird nass, der Rest bleibt trocken. Geschafft!

Ich suche mir ein Plätzchen im Schatten, hole mein Rauchzeug aus dem Beutel und stecke mir eine an. Lena will an anderen Ufer bleiben, in der Sonne. So sitzen wir wie die Königskinder einander gegenüber und können uns über den Wasserlauf hinweg Liebesschwüre zurufen.

Der Fluss strömt still. Die Kinder weiter flussaufwärts lärmen, aber es sind einzelne, banale Laute gegen das Schrillen der Zikaden, das über dem ganzen Tal hängt und von den Bergen widerhallt. Autos fahren auf der schmalen Uferstraße.

Mein Rauch zergeht im grellen Nachmittag. Hier könnte ich bis zum Abend sitzen. Das Strömen, das Ankommen aus der Ferne und Hinfließen ins Land hinaus, zum Meer hin, das stete Gleiten und tröstliche Spenden glasklaren Wassers macht mich still. Die Gedanken kommen zur Ruhe, schweigen, Zeit und Zukunft lösen sich auf im Licht des Midi. Weisheit kommt zu Besuch und bleibt für den Abend. Menschen treffen sich und begehen die blaue Stunde am Fluss mit Wein und Brot. Das Lachen, das Singen, das Reden und Verstehen versinkt im Abend und bringt Frieden. Hände ruhen aus, finden einander. Blicke erzählen Geschichten, alte, träumerische, und keiner sitzt einsam, der das Alleinsein am Ufer sucht.

Ja, hier sollte ich bleiben. Selten genug findet man endlich den richtigen Ort, und dann gibt es immer Umstände, die einen weiterdrängen. Die Geschichte eines solchen Abends am Fluss, eines solchen Lebens wird immer neu angefangen, nie zuende erzählt.

Lena signalisiert, dass sie nach Hause will.

Wir können wiederkommen, sage ich mir.

Ich stehe auf, packe die nasse Hose und den Kram und die Schuhe, lasse die rechte Hand frei und balanciere mich auf den glitschigen Fels hinaus. Ein Fuß findet Halt, aber der zweite nicht. Ich sollte von hier gleich ins Tiefe treten, wo das Moos aufhört, aber dazu müsste ich die Beine kreuzen oder mich umdrehen. Beides geht nicht, stelle ich fest.

Ich suche und taste mit dem Linken, weiß nicht weiter.

Von dem, was nun folgt, würde ich gerne eine Filmaufnahme sehen oder eine Fotoserie. Denn es geht alles ganz schnell.

Während eines Sekundenbruchteils kippt die Landschaft, ich nehme ein Platschen wahr und dass ich nass bin, dann höre ich Lena schreien und bin wieder bei mir, spüre das zähe Zerren des nassen T-Shirts, merke, dass der Hut noch auf dem Kopf sitzt, Lena ruft, was mit meiner Brille sei, und ich merke, dass sie noch auf der Nase sitzt.

Ich merke, dass ich liege, und rapple mich auf.

Ich habe jetzt zwei Möglichkeiten, denke ich überraschend klar und wie in Zeitlupe. Entweder du bist wütend und fluchst wie ein Bierkutscher, oder du lachst. Wahrscheinlich hat man dir zugesehen, wahrscheinlich grinsen sie sich sowieso eins, also: Lachen ist das Beste.

Und als ich mich dazu entschieden habe, in einem halben Moment, lache ich schon lauthals los.

Es ist ja nichts passiert. Es ist heiß und die Sonne scheint, alles kann trocknen, nichts ist unersetzbar, ich habe alles noch in der Hand – also stehe ich triefend da und lache mich kaputt.

Lena ist erleichtert.

Für einen Moment warst du verschwunden, sagt sie. Ich kann mich zwar nicht erinnern, mit dem Kopf unter Wasser gekommen zu sein, aber egal.

Ich wate vollends hinüber, ziehe mich bis auf die Unterhose aus und reihe das Zutrocknende auf dem heißen Felsen auf wie eine Jagdstrecke. Der Rauchbeutel ist nass geworden, der Tabak im Softpouch blieb trocken, das Feuerzeug zündet noch, die Blättchen kann ich vergessen. Alle Schlüssel noch da, das Laguiole, das ich immer in der Tasche habe, also was soll's?

Jetzt tut mein Ellbogen weh.

Ein kleiner Bluterguss, weiter nichts. Der Schmerz breitet sich von einem Punkt über den ganzen Unterarm aus.

Schock?, denke ich. Kommt jetzt der Schwindel, die Ohnmacht, das Halswirbeltrauma? Man ist ja keine zwanzig mehr, und zwei Zentner fallen tief. Aber es passiert nichts.

Wir sitzen noch eine Weile, niemand schaut herüber, keiner lacht, auch der drahtige Typ mit den Rastalocken nicht. Dann sammeln wir alles Nasse und Trockene zusammen und gehen zum Auto. Für die Rückfahrt bleibe ich in der nassen Unterhose, der Sitz wird mit einer Wolldecke ausgelegt.

Eigentlich schön, denke ich, so durch die Gegend zu fahren, freizügig, unbeschwert, ein Bad genommen, ein unfreiwilliges, und das hat das ganze Ordnungsgefüge im Hirn durcheinandergeschüttelt. Die Stücke setzen sich neu und anders zusammen.

Klar, ich hatte einen Schutzengel. Hätte auch mit dem Kopf auf die Felskante knallen können. Heiterer Ausflugstag endet in tragischer Katastrophe. Aber es sollte nicht sein.

Gott sei Dank!

Brasserie

Wir kommen aus den Bergen und haben noch Laune zu einer Mußestunde im Café. In St-Jean-du-Gard finden wir einen Parkplatz und bummeln durch das Städtchen. Ohne den dienstäglichen Wochenmarkt ist es kaum wiederzuerkennen. Wo sonst Buden stehen, kurven jetzt hupende Autos; in den Seitengassen sind die Fußgänger auf eine Handbreit Trottoir verdrängt.

Vor dem Tempel hat eine Hochzeitsgesellschaft die Straße besetzt. Es wird fotografiert, es wird in High Heels und festlichen Kleidern herumgestanden und gelächelt, das Brautpaar posiert unterm Portal und lässt sich feiern. Wir müssen uns durchdrängen und erreichen einen Platz. Dort stehen zwei mächtige Platanen und spenden Schatten. Vom Andenkenladen glänzen die Postkarten herüber. Wir setzen uns in die

Brasserie, die ihre Stühle und Tische draußen stehen hat, und seufzen erleichtert.

Zwischen zwei und sieben gibt es nichts zu essen, das wissen wir schon. Der Kellner schüttelt bedauernd den Kopf: Es gibt keine Pizza, keine Crêpes, keine Sandwiches, keine Salate. Alles, womit die Karte wirbt. Nur Kaffee und Eis. Also gut. Ich nehme einen Café crème, Lena einen Eisbecher.

Wir sitzen und schauen uns um.

Nebenan im Café wölkt in Abständen ein Wassernebel auf und schwindet rasch in der Hitze. Er kommt aus einer Wasserleitung in der Markise. Manchmal trägt ihn eine Brise bis zu mir, wo er kühl und feucht sich auf die Haut legt. An einem Brett sind Plakate angeschlagen: Morgen ist hier die Hundsfete, die *fête de chien*, mit Schlangen, Wildschweinen und Hundeverkauf aller Rassen. In Thoiras findet nächste Woche ein Votivfest statt. Mopeds knattern vorbei mit aufheulendem Motor. Rucksackwanderer mit zwanzig Gepäckkilos gehen vorüber, Radler in Neonkleidung kommen an und erfrischen sich unter den Markisen. Eine junge Fahrerin sitzt eine halbe Stunde da und trinkt ein Mineralwasser, hat die Schuhe ausgezogen und die Füße auf die Tischkante gestellt.

Drinnen, im Thekenraum, läuft der Fernseher und zeigt eine Übertragung der Tour de France. Neben dem Eingang hockt der Kellner mit einem grünen Minzsirup und ruft seine SMS ab. Ich will mir ein Softeis holen und gehe zu ihm hinüber.

Na, kein Interesse für die Tour de France?, frage ich ihn.

Nö, sagt er. Er fährt lieber Auto.

Er zapft mir ein Eis aus dem Automaten, das hier *glace italienne* heißt, italienisches Eis. Zurück am Tisch knipst mich Lena, wie ich es genüsslich schlecke. Vom heutigen Sitzen in der Sonne habe ich ein rotes Gesicht.

Du musst dich einkremen, sagt sie fürsorglich.

Der Kaffee ist gut.

Wir tun nichts. Wir lassen den Nachmittag vergehen. Eine ruhige Zeit, ohne Gedanken, beschaulich und gleichmütig. Jeder sitzt, hat etwas zu trinken, manche plaudern miteinander, manche sitzen schweigend und tun nichts.

Die beste Art, sich auf den Abend vorzubereiten, denke ich. Die beste Art, den Morgen und Mittag versinken zu lassen, das Erlebte aufzunehmen, freundlich, wie einen Gast. Es ist ein Ruhepunkt im Tageslauf, wo die Ströme sich kreuzen und stillstehen, wo alles Unrühmliche sich auflöst.

Dazu braucht es nicht viel. Einen Sitzplatz, ein Getränk. Einen Kellner und Schatten. Eine kleine Brasserie in St-Jean-du-Gard, an einem Julinachmittag im Languedoc.

Ich geh mal aufs Klo, sagt Lena.

Notariat

Auf dem Marktplatz von Anduze sitze ich und mache eine Zigarettenpause. Gegenüber fällt mir eine alte Tür auf. Eine Hälfte sonnenbeschienen, die andere im schwarzen Schlagschatten; altes Holz, warm, ein wenig bleich vom Licht, man sieht die Fasern und die Muster. An der Hauswand ein Messingschild, blankpoliert, nennt den Namen und das Wort *notaire*, ein Messingknauf fordert zur Betätigung auf und verspricht ein baldiges Eintreten, mit Termin natürlich, und schon weiß ich, dass ich eine Holztreppe zwischen verputzten Wänden hinaufsteigen und oben eine offene Tür mit einer Sekretärin vorfinden würde.

Ich würde eingelassen in das Büro, das so ist, wie ich mir ein französisches Notariatsbüro vorstelle, Regalwände mit Büchern und Aktenordnern, ein wuchtiger Schreibtisch, ein Fauteuil, in dem ich Platz nähme, Kaffee würde gebracht in Espressotässchen mit Blumendekor, eine Dämmrigkeit herrschte, weil die Jalousien herabgelassen wären, und draußen vor den beiden Fenstern, draußen läge der heiße Sommermittag und das Getriebe auf den Gassen und auf dem Markt, draußen wäre Südfrankreich, draußen säßen Müßiggänger in Cafés, deren Blick vielleicht hinaufginge zu diesem Fenster, wo hinter den Jalousien der Notar und ich säßen und etwas zu verhandeln, abzuschließen hätten, das Ruhe und Ordnung und Zuversicht schaffte.

Das träume ich mir zusammen, als ich unten auf dem Markt sitze und die Tür betrachte: eine solche

Sache zu verhandeln zu haben, die mich einen Schritt näher brächte einem Leben hier, im Languedoc. Etwas Amtliches. Drei bezahlte Telefonrechnungen müsste ich vorlegen, das ist gültiger als eine Meldebescheinigung, die es in Frankreich nicht gibt; ich müsste Unterschriften leisten, eine Bankverbindung angeben, und dann raschelten die trockenen Papiere in dieser Halbschattenklause, ich sammelte sie ein und steckte sie in meine Aktentasche, ein verlässliches, ansonsten gleichmütiges Ding, und wenn ich die Hand des Notars schüttelte und mich verabschiedete, *bonne journée*, lächelte ich so zufrieden wie seit Jahrzehnten nicht. Ich verließe den Notar mit dem Gefühl, angekommen zu sein.

Merkwürdige Träumereien.

Ich drücke die Zigarette in meinem Reiseaschenbecher aus. So, wir können weitergehen, sage ich zu Lena.

Es ist vorbei

Um zwei in der Nacht wache ich auf. Verschwitzt, unruhiger Schlaf. Im Haus hält sich die Wärme vom Tag. Ich mache mir Kaffee und hole meinen Tabak, im Wohnzimmer riecht es nach Lavendel. Draußen ist es eine Sommernacht, aber weder lau noch voller Sterne. Es ist frisch, und im Südwesten hängt der Vollmond wie eine Lampe am Himmel. Ich kann die Nachbarhäuser sehen und die Bäume und die Wiese. Ich setze mich auf der Terrasse neben mein Olivenbäumchen in seinem Topf. Ich rede freundlich mit ihm. Dann höre ich die Geräusche der Nacht. Die Frösche unten am Fluss. Von einem der Grundstücke klingt Louis-Armstrong-Jazz, dort hat der Hausherr noch Gäste. Ein paar Zikaden lassen sich hören, wie all die Tage.

Was es auch war in diesen Tagen, es ist vorbei.

Ich tue, was ich bisher nicht getan habe, zum ersten Mal: Ich schreibe es auf.

Die Regen- und die Hitzetage, die Wolken- und die Windtage; *miel-pignon* und die Dose mit Himbeerkeksen; die beschlagenen Wasserflaschen im Restaurant; die Gassen zwischen den Bruchsteinhäusern; die Maulbeerbäume und das Schrillen der Zikaden; die fruchtige Bitterkeit der Tapenade; die Kaffeemorgen und Fußballabende; die perlmuttene Muschel aus Porzellan mit dem goldenen Darjeeling darin; im Badezimmer der Geruch der Seife nach *fleur d'oranger*; der leise Gang auf den Strohsohlen der Espadrilles; der Apfelgeschmack des Olivenöls; das Fremdsein und die alte Angst und die Gier, die ich lange nicht bemerkt habe; das Sitzen im Café und Auspacken der Zuckerwürfel; die fliegenden Händler mit ihren Messern, Holzamuletten und Messingeidechsen; die denkmalhaften Raseninseln in den Kreisverkehren von Alès; der Pizzawagen am Ortsausgang; die Badenden am Gardon seitab der Straße; das Minzwasser und der swimmingpoolblaue Sirup; die gelbblühenden Bäume an einer Steinmauer, deren Namen ich nicht herausfand; und alles, alles, was ich nicht mehr weiß.

Jedes Mal komme ich mit großen Erwartungen hierher, ich weiß, ich kann es nicht ändern. Die Erwartung, ein besseres Leben zu finden, ein Anderer zu sein als zuhause, und jedesmal kostet es Tage und schmerzhafte Enttäuschungen, um zu erkennen, dass ich mich mit hierhergenommen habe, so, wie ich bin. Dann endlich füge ich mich ins bloße Hiersein und verstehe, dass es nur auf Eines ankommt: zu leben.

Mittlerweile weiß ich auch, dass die Früchte dieser Zeit – die Erlebnisse und Erfahrungen, Erkenntnisse und Erleuchtungen, die Sinneswandlungen und langdauernden Trost- und Glücksmomente, auch die geistlichen Früchte, mein Näherkommen zu Gott – dass dies alles erst später reifen wird. Solange ich hier bin, muss ich nichts erreichen oder gewinnen. Ich muss nicht intensiver erleben oder tiefer auskosten. Ich muss mir des Glücks nicht krampfhaft bewusst werden. Ich kann es gehen lassen, wie es will.

Aber wenn die Tage gezählt sind und das Ende naht, tut es doch weh. Der Schmerz gehört dazu, ich lebe nun einmal in einer vergänglichen Welt, wo alles begrenzt und befristet ist. Manchmal steigt die Angst auf, hiergewesen und es doch verpasst zu haben, das Leben, die Erfüllung, den Traum.

Wäre es möglich gewesen? Hätte ich etwas anders machen müssen? Ist eine Gelegenheit unwiederbringlich vertan? Aber hier ist nichts anders und anderes zu machen, als was es ist. Der Abschied kann kommen, wenn ich diese Einsicht akzeptiert habe; dann tröstet er.

Es ist Zeit, wieder das Vertraute und Gewohnte um sich zu haben, wieder ins Arbeitsleben, ins Schaffen einzutreten, wieder das behagliche Zuhause um sich zu haben mit allen Annehmlichkeiten und Notwendigkeiten, und es ist gut, aus der Fremde und der Entblößung heimzukehren ins tägliche und sichere Maß.

Dann mag es sein wie die Rückkehr von einem Beutezug. Manchmal befürchte ich, mit dem Aufschreiben die Zeitlosigkeit und Zweckfreiheit des südfranzösischen Lebens zu verraten, zu zerstören; aber da eh nur Erinnerungen bleiben und das, was tatsächlich war, in seiner einzigartigen Gegenwärtigkeit sowieso schon unwiederbringlich versunken ist, mag eine literarische Nachlese recht und billig sein. Gut, dass ich mit meinen Erinnerungen etwas anfangen kann. Dieses Buch zum Beispiel.

Ja, es ist vorbei.

Ich weiß nicht, was es gewesen ist.

Ich bin getaumelt von Augenblick zu Augenblick, jetzt habe ich bunte Glasperlen in der Hand und versuche zu verstehen.

Ich weiß: Das Schlechte lasse ich hier zurück, das Gute nehme ich mit.

Wir werden wiederkommen.

Abschied

Der letzte Tag. Es gibt nicht viel zu sagen. Morgens putzen wir das Haus, Waschbecken und Kloschüssel,

Boden wischen, die Küche aufräumen. Der letzte Müll wird in einem einzigen Sack gesammelt, es gibt ja keine Mülltrennung in Frankreich. Statt trübe herumzusitzen, machen wir einen letzten Bummel im Städtchen. Souvenirs, die ich bisher verschmäht habe, nehme ich nun doch mit. Ein bisschen Trotz, ein bisschen Verzweiflung. Wir trinken noch einen Kaffee, tun so, als hätten wir alle Zeit der Welt, aber die Stunden sind unweigerlich gezählt.

Nachmittags sitzen wir im Garten in den Liegestühlen, lesen, trinken Pastis, es ist nichts zu ändern, nichts zu bereuen, nichts wiederzuholen. Imgrunde, denken wir, ist es ganz gut, wieder heimzufahren.

Die letzte Nacht mit Zikaden und Nachtkühle, die durch das offene Fenster hereinströmt. Ein wenig habe ich mein Bett zuhause schon vermisst.

Am Abreisetag ist nicht mehr viel zu tun. Wir räumen das Gepäck ins Auto, verstauen die zusätzliche Kiste mit den Andenken, schauen uns alles noch einmal an: die Honiggläser, die Olivenölflaschen, der Wein von der Genossenschaft, die Keramik in Luftblasenfolie verpackt, das Messer, den Minzsprudel, die bunten Etiketten der Pastisflaschen – wir können uns darauf freuen zuhause, trösten wir uns. Vielleicht wird es gelingen, dass uns diese Andenken ein wenig von dem Leben im Sommerhaus wiederbringen.

Dann ist es soweit. Wir machen alle Fenster zu, schließen die Läden, Lena schließt die Haustür ab und verstaut den Bund in der Seitentasche. Wir werden ihn nicht mehr brauchen. Ich lege die Hände an den

Semmelbröselverputz, der schon warm ist von der Morgensonne. Das ist mein Abschiedsritual.

À la prochaine année, sage ich leise. Bis nächstes Jahr.

Wir sitzen im Auto und schaukeln durch die Einfahrt, hinaus auf den Fahrweg, und wir fahren aus Tornac hinaus, als wären wir bloß, wie ungezählte Male zuvor, auf einem Ausflug. Die Strecke zur Autobahn, weiß ich, über Bagnol-sur-Cèze und Point-St-Esprit, werden wir nun kennen von unserer Fahrt nach Nyons her, aber das liegt weit hinter uns.

Auf der Autobahn wird es von selbst gehen. An den Rastplätzen, die hier *aire* heißen, wird es heiß sein, die Handbrunnen werden kaltes Wasser spenden, es wird Nougat und Maronenkrem und Cassoulet zu kaufen geben, aber die Landschaft wird sich allmählich verändern. Der Süden wird zurückbleiben, spätestens in Lyon. Wir werden Zeit haben, den Abschied zu begreifen.

Dann, gegen Abend, wird der Heimkehrschock im Schwarzwald kommen: deutsche Straßen, gelbe Ortsschilder, alles plötzlich lesbar. An den Tankstellen werden wir nicht mehr *bonjour* und *au revoir* sagen können, und wir werden schon nicht mehr wissen, ob wir wehmütig oder erleichtert sein sollen.

Unser Haus bleibt hier zurück.

Bis wir wiederkommen. Nächstes Jahr.

Danksagung

Zuerst danke ich Gott, dass er uns diese Zeiten im Sommerhaus geschenkt hat und dass er mir die Fähigkeit gegeben hat, darüber zu schreiben.

Dann gilt mein Dank Sabine und Friedrich für ihre Großzügigkeit sowie meiner Frau für ihre Unterstützung und Hilfe sowohl beim Erleben als auch beim Niederschreiben.

Dank auch an den Pirol in der Nacht, die Zikaden, Fleur de Pays, Rosmarin, Thymian & Lavendel, Lyon's Gold Blend zur Stärkung, den Mistral, Acer Inc., Minzwasser bei 36 Grad im Schatten, *Olea europaea* und das Lied des Lebens, sei es in Dur oder Moll.

Zuletzt einen Dank den Einwohnern von Anduze und Tornac und überhaupt allen Südfranzosen, die dieses Land nie aufgegeben haben, sondern es unermüdlich in einen kleinen Garten Eden verwandeln.

FSC
www.fsc.org
MIX
Papier aus ver-
antwortungsvollen
Quellen
Paper from
responsible sources
FSC® C105338